おもしろ日ロ関係散歩道

北方領土返還交渉に頑張る首相にも読んで欲しい現場ロシア論

菅野 哲夫

東京図書出版

はじめに

いまなぜロシアか？

ロシアは近くて遠い国。何でもあるが、何が起こるか分からない国。そのロシアと難問（平和条約・北方領土問題）解決に向け、昨年来安倍首相が一生懸命だ。平成28年9月2～3日、ウラジオストクで開催された東方経済フォーラム２０１６で、安倍首相はプーチン大統領に次のように呼びかけた。

1　ウラジオストクをユーラシアと太平洋を結ぶゲートウェイにしましょう。

2　ロシア産業の多様化を進めて生産性を上げ、ロシア極東地域を、アジア太平洋に向けた輸出の拠点にしましょう。

3　あらゆる困難を乗り越え、日本とロシアがその可能性を大きく開花させる世界を、次の世代の若い人たちに残していこうではありませんか。

4　無限の可能性を秘めた二国間関係を未来に向けて切り開くために、私はウラジーミルと共に、力の限り、日本とロシアの関係を前進させる覚悟です。

懸案の問題解決を念頭においたスピーチ。これを聞いたプーチン大統領の評価は「シンゾーは演説が上手だ」。この評価には「口先上手」の裏の意味もある。ロシアの知識、体験、現場感覚などの欠如。マクロやハードの知識は十分でも、ミクロやソフトの理解はどうか。

筆者の母校山梨県立韮崎高校の校訓は「百折不撓」。安倍首相の対ロ政策はそれを地でいくようで頼もしい。しかし現場感覚なき「百折不撓」は問題複雑化の因ともなる。実は、ノーベル賞大村智博士も同窓である。筆者は昭和38年3月卒業時「知事表彰（賞状と時計）」を受け、大学でロシア語を学び、東京銀行・在モスクワ日本大使館、みちのく銀行・欧州復興開発銀行で、ロシアと付き合い共に歩んできたビジネスマンである。

本書は、筆者が40年以上ロシアと付き合い、ロシアに生活し、ロシアの国や人々とお付き合いやビジネスを行い、まさに現場で見聞きした実際の体験・知見を集大成したものであり、筆者の人生そのものを凝縮した一冊でもある。

安倍首相が北方領土問題の解決を目指し、問題の解決に奮闘すること自体まことに喜ばしい。しかしあまりの「現場感のない対応ぶり」に筆者は困惑。こうした認識ギャップを埋めたい。『現場感のうえに立ったロシア書』を書いてみよう。これがこの本を書く動機になった。

まず、ロシアの自然・国土・人口・寿命・主要経済指標を日本と比較し、ロシアの強みや弱みを探る。ついで、ロシア人の源流と国家の成り立ちから現在のロシア連邦誕生に至るロシア史を概観し、転じて日本との関係、とくに漂流民のロシア人との出会いの史実を訪ねる。加えて1998年ロシア金融危機直後に実現した邦銀初のロシア現地法人設立物語など、日ロビジネスの現場を語る。最後にゴルバチョフ登場から現在に至るロシアの主要出来事を概観し、そのハイライトとして、今次の日ロ間の「北方領土問題交渉」のポイントにつき、現場的視点に立った解説を試みるという構成・章立てである。

この本が、ロシアに興味を持ち、ロシアを知りたい、ロシアとビジネスをしたいと思っている研究者、ビジネスマン、学生、ロシアを少しでも知りたいと思っているひとたちに、『現場ロシア論』をお届けするという目的が若干なりとも果たせたら、望外の幸せである。

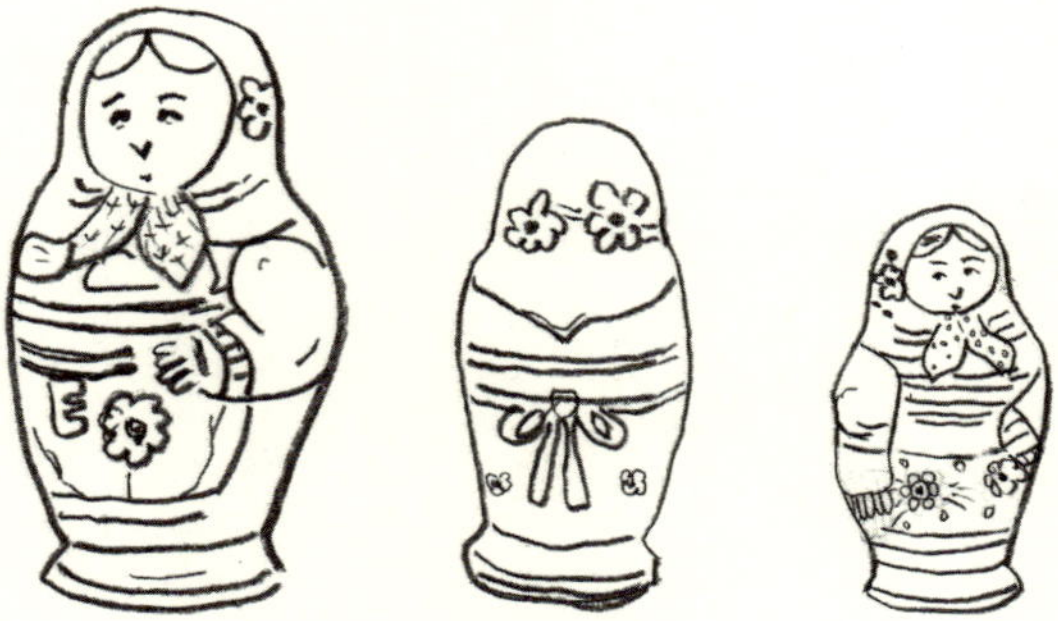

マトリョーシカ

おもしろ日口関係散歩道 ◈ 目次

ポクロフスキー聖堂

第Ⅰ章 日本との比較で、ロシアの国力の大きさの程度を知ろう

1 自然・国土比較

ロシア連邦は国土1709万8000㎢で、世界1億3616万2000㎢の13％弱を占める世界最大の国。日本（37万8000㎢）の約45倍超の広さ。このロシア、かつて20世紀初めの帝国時代にはもっと広い約2280万㎢を占め、ロシア人比率が約43％、100以上の異なる民族が住む国であった。

ロシア人の源流から発展の流れを、特に、シベリアの領土化とその維持という点につき、日本との比較で俯瞰するとき、時代や世界の潮流の変化を超え、その広大な領土を保持し続けたロシア人の執念と根気強さに驚かされる（表1）。

表1

	日本	ロシア
国土（1000 km^2）	378	17,098
人口密度（人/km^2）	334	8
最高峰高さ（Meter）	富士山　3,776	エルブルース山　5,642
最大河川長さ（K. Meter）	利根川　322	オビ川　5570
最大湖広さ（1000 km^2）	琵琶湖　0.67	バイカル湖　32

出所）『データブック　オブ・ザ・ワールド』二宮書店　2016年版

表2

	日本	ロシア
人口（百万人）	127	143
男/女比率（%）	48.0/52.0	46.9/53.1
平均寿命男/女（歳）	80/87	63/75
離婚率（1000人当たり）	1.8	4.5

出所）UN, World Population Prospects 2015

2 人口・寿命比較（2015年央現在）

ロシアも少子高齢化問題に直面している。男性の平均寿命が63歳、離婚率が世界一、日本の2・5倍だ（表2）。

なお国連の「2050年の主要国の人口推計」によれば、ロシアは1億2900万人、日本は9700万人にそれぞれ減少するという。またこうした人口変動もあり、「2050年にはロシアがG7入りし、日本が脱落する」といった英『エコノミスト』誌のような予測もある。

3 主要経済指標比較（2015年時点）

名目GDP値で日本は世界第3位、ロシア第12位。一人当たり名目GDP値で日本第26位、ロシア第68位。いずれも国際舞台で大向こうを唸らせる経済実績を上げているわけではない。

ロシアは貿易収支で黒字を維持している少ない国の一つ。輸出の対名目GDP比率に比べ、輸入は極めて小さい。産業の発達や国民の需要に応えるといった視点から、もう少し大きくてもよいだろう。

表3

	日本	ロシア
名目GDP（10億米ドル）	4,123.3	1,324.7
同上国民一人当たり（米ドル）	32,486	9,055
輸出額（10億米ドル）	624.9	340.3
同上名目GDP比率（%）	15.2	25.7
輸入額（10億米ドル）	648.5	194.1
同上名目GDP比率（%）	15.7	14.7
金外貨準備高（10億米ドル）	1,233.1	368.0
国家債務高（対名目GDP比%）	248.1	17.7
国家純資産高（対名目GDP比%）	66.5	18.2

出所）「世界経済のネタ帳」、「GLOBAL NOTE」等

ソ連邦時代から外貨準備不足には悩まされ通しだった。新生ロシアになって、プーチン大統領が登場したら、原油の市況価格が急上昇し、多いときには５０００億米ドルもの金外貨保有国に変身。現在は油価が弛み、３０００億～４０００億米ドル程度で推移している。

ロシアは対外債務高を上回る対外債権を有している。その収支である対外純資産の大きさは、２０１４年末の名目ＧＤＰ比でみて、香港２８５・６%、スイス１１８・０%、日本66・5%、ドイツ33・３%に次ぐ５番目の18・２%に上っている（表3）。

4 主要調査・アンケート結果

日本とロシアの国際社会における評判はどうか。絶対的に正しい評判もないだろうが、代表的な調査やアンケート結果を参考までにみてみたい。

ロシアは、国際競争力が140カ国中45位と健闘している以外は、カントリーリスク、格付け、民主主義普及、情報の自由化、腐敗指数でランクは随分下位だ。「何でもある、何でもできる国」ロシアとしては、「トップダウンとボトムアップをうまく噛み合わせた改善策実現の不断の努力を続ける」ことで、よりよいロシアになれる筈だ。

一方日本は、過去の栄光にすがり過ぎだ。落ち目になっているという現実に目を向けず、美辞麗句を掲げ、無責任なスタンドプレーをしがちな国になっている。戦争はしない、エネルギー輸入は不要、食料は自給可能といった新しい日本像を掲げ、その実現により、世界から尊敬される国になって欲しいと思う（表4）。

なお参考までに両国の国旗と国章を表5にまとめてみた。

表4

	日本	ロシア
カントリーリスク（223国・地域中順位）注1	A	E
S&P格付け 注2	A+	BB+
民主主義普及度（167カ国中順位）注3	20	132
報道の自由度（180カ国中）注4	72	148
国際競争力（140カ国中順位）注5	6	45
腐敗認識指数（167カ国中）注6	18	119

注1：OECD Country Risk専門家会合の調査をもとに日本貿易保険が2016年7月に査定・発表したもの。
注2：2016年央のスタンダード＆プアーズ社の国債格付け。A+は、「A＝信用力あり」より、プラスの信用力ありの意。BB+は、「BB＝相当の信用リスクあり」より、プラスすべき信用ありの意。
注3：Economist誌傘下の「Intelligence Unit」が2年おきに行っている調査で、2014年調査の結果。
注4：国際NGO「国境なき記者団」が2016年に行った調査結果。
注5：「世界経済のネタ帳」による2015年時点の国際競争力。
注6：2016年1月27日更新「GLOBAL NOTE」。

セント・ゲオルギウスの龍退治

表５　両国の国旗と国章

			備考
日本	国旗	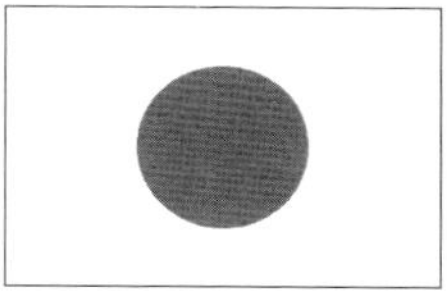	法律上は日章旗、古より日の丸の名。1870年２月27日に制定した法律を1999（平成11）年に改訂し、公布・施行（「国旗及び国家に関する法律」）。旗は縦が横の３分の２、日章の直径は縦の５分の３で旗の中心、白地に紅色。
	国章	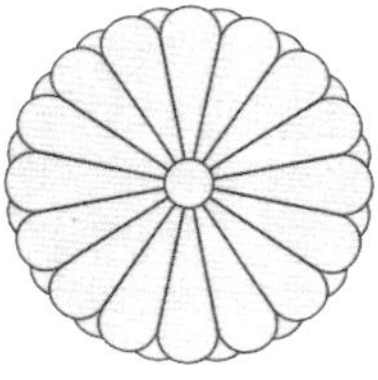	法令上定められていない。伝統的に天皇が使用している「十六八重表菊」が国章に準じた扱いを受けている。菊花紋章、菊花紋、菊の御紋という。鎌倉時代、後鳥羽上皇が菊を好み、自らの印とし愛用したのが始まり。
ロシア	国旗		ソビエト連邦の成立で、「ロシア帝国の『白・青・赤』の３色旗」が廃止され、「鎌と槌の赤旗」がとって代わった。ソ連邦崩壊後誕生したロシア連邦は、1993年12月11日、ロシア帝国時代の1668年制定のロシア最初の国旗の『白・青・赤』の３色旗に戻した。旗の縦横比は２：３である。
	国章		ロシア帝国の紋章に由来し、赤地に金色の双頭の鷲、その胸にドラゴンを退治する英雄ゲオルギウスが描かれる。そもそもはイワン３世が定めた紋章が国章の始まりであるが、その後変化を遂げ、たとえば、ピョートル１世の時代に使われた鷲の形がそのまま今日まで国章に生きている。

出所）苅安望編著『世界の国旗と国章大図鑑』平凡社　2012年

第Ⅱ章　近くて分からない国ロシアをもう少し知ってみよう

1　ロシア人の源流と国家の成り立ち

ロシア人の源流たちは、ドン川やボルガ川の辺りに住んでいた。この地は、肥沃で、東から西へ、また、北から南へ、匈奴、フン族、ハザール、アバールなど様々な民族が入れ替わり通過・侵入する地であった。だから、か弱きロシア人の源流たちは、集団としての形を整えるまで、外敵に蹴散らされた時代が長く続いた。

ロシア人の源流たちは、「ベネード人」と呼ばれた。1～2世紀頃のことで、彼等はビスワ川口からオーデル川口周辺に移動した。その後、内陸部に向かってさらに進出し、カルパチア地方を経てキエフ南方へ辿りつく。そしてさらに、ドニエプル川を遡り、ノブゴロドに住み始め、「スローベン」と呼ばれるようになった。これが「スラブ」の語源。

そもそも「ベネード人」の「ベネード」とはケルト語で、「WINDO＝白、またはブロンド」の意。当時、ドナウ川流域に先住していたケルト人が、カルパチア山脈の彼方に住むブロンドの髪を持つ隣人につけた呼び名であった。また「スラブ」とは「スローボ」（同言語仲間の意）やスラーバ（栄光の意）に由来するといわれる。

スラブ族の源流たちは、ブルガール族、フン族、ハザール族に追われて、ボルガ川沿いを上流に逃れ、カマ川の下流域とボルガの中流域に跨る地に住み始めた。そのうちのブルガール族が歴史に記録されたのは３５４年頃のこと。一時はフン族とともにヨーロッパにまで侵入した強力な民族で、その本体は南ロシアに定住した。その後ブルガール族はビザンツ帝国との戦いに勝ち、６８０年、アスパルフが現在のブルガリアの起源とされる「ブルガリア王国」を誕生させた。彼等は、その後、スラブ族と同化。８世紀初め、東スラブ族に九つの部族中心社会が出現。中葉には、キエフやノブゴロド等に七つの都市型社会が形成された。

『原初年代記』*は、ノブゴロドがその統治者として、バルト海北方に住んでいたノルマンのバリャーグ族のリューリクを招致したと書いている。この「年代記」の叙述部分につき、ノルマン人によるノブゴロド征服説も存在する。当時においては、バリャーグ（スカンジナビア）からビザンチン帝国に繋がる水路が、フィン湾、ネバ川、ラドガ湖、イリメン湖、ドニエプル川、黒海へと繋がりをみせていたこともあり、北から南下したバリャーグがノブゴロドを征服したのだという。

＊およそ850年から1110年までのキエフ・ルーシの歴史が記された年代記。初版は1113年に編纂され、『過ぎし年月の物語』とも訳されている。

ノブゴロドでのリューリクは善政を行った。死に先立ち、長子イーゴリが幼年のため、伯父（一説には従兄弟）のオレーグに後事を託した。オレーグは、882年、ノブゴロドを出発。途中、スモレンスク、リューベチを征服して、キエフに入り、キエフ公の位に就いた。これを「882年のルーシの建国」と呼ぶ。不十分ながら、東スラブ人の統一国家「キエフ公国」がここに誕生し、「リューリク朝」がスタートした。

スラブの地に乗り込んだバリャーグ族は、11世紀頃になると、すっかりスラブ族に融合し、一体化した。元来彼等は、「ルーシ」（赤毛という意味）と呼びならわされていたが、その後はスラブ族を含めて一般に「ルーシ→ロシア」と呼ばれるようになった。

キエフ公国は、ウラジーミル聖公、ヤロスラフ賢公の時代に最盛期を迎える。しかし、その後に起こったモンゴル軍の来襲は、1223年から1480年までの約260年の長きに亘って、「タタールのくびき」＊といわれる暗黒時代をもたらした。

＊13世紀に、トルコ系諸民族と現地混血人達を含むモンゴル軍がヨーロッパ、とくにロシアに侵攻し、その後、キプチャック汗国を樹立し、約２６０年もの長きに亘って非常に厳しいルーシ支配を行ったことを意味するロシア史上の概念である。

タタールがロシアに残したものは物心両面の多岐にわたる。外敵を異様に恐れる。病的なまでの外国への猜疑心。被征服を恐れるあまりの潜在的征服欲。火器への異常信仰。さらには、お金や生活文化にいたる広い局面にわたるプラスとマイナスの遺産。

これらのことは、種々形を変えながらも、ロマノフ王朝や共産主義時代にも引き継がれ、今日でも①強いボス志向、②強いコネ志向、③集団生活志向といったロシア人気質に形を変えながら、色濃く引き継がれている。

２ モスクワ・ロシアが強大化した経緯・理由

キエフ公国は、ウラジーミル聖公の後を継いだヤロスラフ賢公の死後、後継者間の内紛が絶えず、分裂の道を辿った。13世紀に入ると、モンゴル人（タタール人）がキエフ公国周辺地域への侵攻を開始した。当時ロシア人の権力の中心は、北東部に独立したウラジーミル公国に移っていた。

1237年、チンギス汗《カン》の孫のバトゥの指揮するモンゴル軍が進攻し、翌年にはウラジーミル、1240年にはキエフを陥落させた。その後バトゥはボルガ川下流域に留まり、キプチャック汗国を樹立した。

モンゴル軍の侵略に対し、北西部のノブゴロド公アレクサンドル・ネフスキーは、「抵抗は無益」と考え、1252年、キプチャック汗国に臣従することを決めた。見返りに、彼は「大公」の称号を得た。キプチャック汗国は、ロシアの諸公に、徴兵、徴税を強制し、義務に背いた公国には容赦ない懲罰を行った。

13〜14世紀にかけて、ウクライナ人、ベラルーシ人がロシア人と分かれ、独立した。北西部に位置するノブゴロドは順調に発展し、繁栄した都市国家となり、北ロシアの広大な地域を支配するようになった。かつてキエフ公国のもとにあった西部の地域はリトアニア大公の支配下に入った。この時代、ロシアでは諸侯が領土を息子達に分与するのが一般的であったので、複数の分領公国が併存することになった。

キエフ公国の家系（リューリク朝）には多くの分流（分家）があった。そのうちの一つがウラジーミル・スーズダリ大公家。大公家から１２６３年にダニール・アレクサンドロビッチ（アレクサンドル・ネフスキーの後裔）がモスクワ公に叙されてモスクワ公国が成立。キプチャック汗国の支配下に置かれたロシア分領公国は、いずれも貢納することで臣従の意を示した。その中でモスクワ公国はキプチャック汗国にとりいることによって勢力を強めていった。ダニールの子のユーリ３世は汗の支持を受けて１３１８年にウラジーミル・スーズダリ大公に叙され、モスクワ大公国時代がスタートした。

分領国のひとつに過ぎなかったモスクワが、14世紀に入って、急速に強大化する。そしてダニールのひ孫ドミトリー・ドンスコイ公（在位：１３５９－１３８９年）がクリコボの戦いでモンゴル軍を打ち破ったのが１３８０年のこと。この勝利はロシアにおけるタタール支配の終焉を意味した。キプチャック汗国は、その後、１３９０年、チムールの侵略を受け、15世紀になると小さな汗国に分裂してしまった。

モスクワの町はドン川とドニエプル川の上流に近く、ボルガ川に注ぎ込むオカ川の支流の沿岸に位置。立地条件に恵まれ、他の公国よりも外敵から攻撃を受けにくく、交易の点でも有利だった。モスクワ公国の支配者達は、遺言によって、長子に大公の称号と領地を譲渡し、国力の衰退を防いだ。モスクワが、ロシア正教の首長「府主教」の座を得たことも、モスクワ公国の威信を高めた。モスクワ公国の長は、最初「ゴスダーリ（君主）」の称号を名乗った。

モスクワ大公国も１４２５年から50年代にかけて内乱に悩まされた。モスクワ大公バシーリー２世（在位：１４２５－１４６２年）の治世に、大公位をめぐる争いが起こり、彼は敵の手によって目を潰された。しかし晩年になって権力の再掌握に成功し、敵方の多くの領土を没収した。１４５６年には、ノブゴロドから独立し、自前の外交権を獲得。ロシア正教会も独立を達成。ビザンツ皇帝とギリシャ正教の総主教の権威から離れ、自立して振る舞うことができるようになった。

１４５３年に、オスマン帝国との戦いでコンスタンティノープルが陥落したとき、モスクワ大公国は、存続するギリシャ正教の国家としては最大の存在になっていた。

３ 主な「ツァーリ」についてのエピソード・事績

⑴「ツァーリ」という言葉の由来

「ツァーリ」はラテン語「カエサル」に由来する。そもそもは、ローマ皇帝やその継承者である東ローマ皇帝の有する称号で、発音が変化して「ツァーリ」や「ツァール」となった。スラブ圏においては「大公の称号より上ではあるが皇帝の称号より下である」ことを意味した。16世紀までに、ロシアの統治者は強権を振るう専制的な存在となり、とくにモスクワ公は自らをビザンツ皇帝やモンゴルの汗と並ぶ大国の君主であることを強調した。さらに、イワン３世が最後のビザンツ皇帝の姪ゾエ・パレオロギナと結婚すると、ビザンツ帝国の儀式や称号、現在もロシアの国章に継承されている双頭の鷲の紋章等を大公国のものとした。

イワン３世治下の大きな事績のひとつは、１４７８年に、母屋ともいうべきノブゴロド共和国を併合したこと。ノブゴロドの貴族たちは１５００年頃までに所領を奪われて他地域に強制移住させられた。イワン３世の治世の終わり頃には、ロシアのほとんどの地は平定され、モスクワ国家としての骨格がつくられた。

イワン３世

イワン４世の治世になると、「ツァーリ」は「無制限の支配権を持つ者（独裁者）」という意味を併せ持つようになった。イワン４世はツァーリとして戴冠し、少なくともロシア正教会は彼を皇帝と見なした。

１４５３年にコンスタンティノープルがオスマン帝国の

イワン４世（雷帝）

手に落ちて以後、ロシアの「ツァーリ」は正教徒にとって唯一の正統な君主であると考えられるようになった。モスクワは、かつてキリスト教会の中心であったローマおよびコンスタンティノープルの後継者、すなわち第３のローマだと主張された。

モスクワ国家の帝国的志向を反映し、イワン４世の「ツァーリ」としての戴冠式はビザンツ皇帝式の手の込んだ儀式となった。彼は、「ツァーリ」となるや、種々の改革を断行した。新しい法典を公布し、軍隊を改良し、地方統治機関を再組織した。改革は、戦争に備えるため、「富国強兵策」を強力に推し進めるためのものであった。そのツァーリとしての執政は民にとって過酷であり、彼は「雷帝」と称された。

⑵ イワン４世（雷帝）後の他の主な「ツァーリ」の事績等

イワン４世（雷帝）の後をフョードル１世が継いだが、心身虚弱で、国を治める才覚を持ち合わせなかった。その彼が「リューリク朝」最後の皇帝となった。

彼の死後、ロシアは「動乱時代」へと突入し、ボリス・ゴドノフ、フョードル２世、偽ドミトリー1世、バシーリー・シュイスキーといった怪しげな皇帝が登場した。それらの代表者としてよく名前が知られたゴドノフについてみておきたい。その後ロシアは、動乱時代（1598〜1613年までの15年間）を経て、1917年まで約300年にわたって君臨するロマノフ朝時代を迎える。

ロマノフ朝は、28名がツァーリとして君臨、その1人当たり平均治世年数は11年。そのツァーリ全員を紹介するのは他に譲るとして、ここでは、知っておいた方が良いと思われるロマノフ、ピョートル1世、エカチェリーナ2世、アレクサンドル1世、ニコライ2世計5人のエピソード・事績をみておきたい。

なおリューリク朝からロマノフ朝までの主要公・大公・ツァーリの在位期間等を表6に掲げた。

表６　リューリク朝からロマノフ朝までの主要公・大公・ツァーリと在位期間

	公・大公・大帝・ツァーリ	在位	特記事項
リューリク朝	リューリク	862?	年代記に登場する人物で、リューリク朝開祖
	オレーグ	879–912	イーゴリの補佐役。キエフ占領を成し遂げる
	イーゴリ	913–945	ビザンチ帝国へ遠征し、通商条約を締結
	ウラジーミル聖公	980頃–1015	古代ルスを統一。キリスト教を国教とする
	ヤロスラフ賢公	1019–54	公国の最盛期。法典編纂。学校・図書館の建設
	バシーリー２世	1425–62	イワン３世の父。俗称「暗黒公」「盲目公」
	イワン３世（大帝）	1462–1505	モンゴル支配脱却。「双頭の鷲」を国章に使用
	バシーリー３世	1505–33	イワン４世の父
	イワン４世（雷帝）	1533–84	最初の全露のツァーリ。恐怖政治。事績多い
	フョードル１世	1584–98	病弱で、政務顧みず。リューリク朝断絶
動乱時代	ボリス・ゴドノフ	1598–1605	天災・災害で飢饉・大凶作に悩まされる
	フョードル２世	1605	ゴドノフの息子で16歳でツァーリ
	偽ドミトリー１世	1605–08	フョードル２世母子を殺害し、ツァーリ奪取
	バシーリー・シュイスキー	1606–10	偽ドミトリー１世の遺体を火葬し、ツァーリ宣言
	空位期間	1610–13	
ロマノフ朝	ミハイル・ロマノフ	1613–45	ロマノフ朝の開祖。病弱。父が長く実権握る
	アレクセイ	1645–76	モスクワ大公国の伝統が最後の花を咲かせた
	イワン５世/ピョートル１世	1682–96	共同統治時代。ソフィアが摂政政治
	ピョートル１世	1696–1725	日本を知り、関心を高めたロシアの偉大な大帝
	エリザベータ	1741–62	農奴を食い物に。宮廷の贅沢・腐敗の時代
	エカチェリーナ２世	1762–96	大黒屋光太夫を謁見し、日本帰還に手助け
	アレクサンドル１世	1801–25	ナポレオン戦争に勝利。神聖同盟の主唱者
	ニコライ１世	1825–55	即位直後、デカブリストの乱が勃発
	アレクサンドル２世	1855–81	農奴解放を実現したツァーリ
	アレクサンドル３世	1881–94	190 cmの背丈。「去勢された牛」があだ名
	ニコライ２世	1894–1917	ロマノフ朝最後のツァーリ。皇太子の時に訪日

注：動乱時代はツァーリ数が少ないので全員記述したが、リューリク、ロマノフ両時代はツァーリ数が多数に上るので、治世期間が短かったり、事績も多くないと思われるツァーリは紙面の都合で適宜省略した。

①ゴドノフ

ボリス・フョードルビッチ・ゴドノフ

在位：1598－1605年

（i）エピソード

i　ゴドノフは地方出の下級貴族の出身。父はフョードル・イワノフ。先祖は14世紀にモスクワ大公国に臣従したタタールといわれる。

ii　ゴドノフは若い頃にオプリーチニキ*に所属し、イワン4世（雷帝）の寵臣の娘マリヤと結婚したことにより、権勢を得る道が開かれた。

*イワン4世（雷帝）の直轄領「オプリーチニナ」を治めるために集められたツァーリだけに忠実なエリート階級の親衛隊のこと。

iii　ゴドノフは有能な顧問官としてイワン4世（雷帝）の信任厚く、1580年には大貴族に叙せられたうえ、妹のイリナが皇子フョードルの妃となる栄誉に恵まれた。

iv 1584年にイワン4世（雷帝）が死に、義弟フョードルがフョードル1世として即位すると、その摂政団の一員となる。1591年、フョードル1世の異母弟ドミトリーが謎の死を遂げる。ドミトリーは子供のいないフョードル1世の事実上の後継者であった。人々はツァーリの座を狙うゴドノフの仕業だと噂した。

v ゴドノフは黒髪で長身。それに端正な容貌の持ち主。しかし猜疑心が強い性格。彼は西欧文化の心酔者であった。

vi ゴドノフは1605年に没するが、その前年、死亡したはずの「皇子ドミトリーを名乗る若者」が現れ、ポーランド人やコサック、不満分子を従えて反乱を起こした。ゴドノフはこれを「偽ドミトリー」と呼んで、抹殺を試みた。しかし多くの人々は本物の皇子と信じ、反体制派は彼を主君と仰いだ。自称ドミトリーへの支持が全国に広がるなか、既に体調が悪化していたゴドノフは急死し、彼の息子がフョードル2世としてツァーリに即位した。

vii ゴドノフによるドミトリー暗殺説は、当時から噂が絶えず、長い間信じられてきた。プーシキンもムソグルスキーもそう信じた。しかし、摂政のゴドノフがフョードル1世の後継者であるドミトリーを殺したのであれば、ゴドノフに疑いの目が向くのが必定。頭の良かった彼が敢えてそのようなことをするか、というのが最近のロシア歴史家の見解。近年この暗殺説はあまり信じられなくなっている。

(ii) 事績

i　ロシアの正教会は1448年、事実上コンスタンティノープルから独立した。しかし頂点である首座主教は名目的ながら元の場所にとどまっていた。モスクワ大公国の実権者となったゴドノフは、ロシア教会の公式の独立を望み、1589年、コンスタンティノープル総主教などの認可を取得。ここにロシア正教会は独立した正教会となり、その長として、「モスクワおよび全ロシアの総主教」が誕生した。

ii　1598年1月、男子のないフョードル1世が崩じてリューリク朝が絶えると、摂政のゴドノフがツァーリに選出された。彼の治世下で、西シベリアへの進出も成功を収めた。

iii　ゴドノフは農奴制の強化に向けて一連の法律制定に動いた。しかし経済的・社会的危機は深刻化していた。飢饉と重税のため逃亡農民が激増し、労働力不足と税収の落ち込みで国家・社会は停滞した。そのうえ災害が追い打ちをかけ、凶作や飢餓、疫病が各地に蔓延した。農民や逃亡奴隷が暴動を起こし、国内は機能停止状態に追い込まれた。

②ロマノフ朝初代

ミハイル・フォードロビッチ・ロマノフ

在位：1613－1645年

(i) エピソード

i　1598年にフョードル1世が死んで、リューリク朝が終わる。代わってツァーリ不在の動乱時代がスタート。1612年国民軍はクレムリンに立て籠もるポーランド軍を一掃し、モスクワを取り戻した。1613年2月、人民、コサックも参加した「全国会議*」で、ロマノフがツァーリに選出され、これにより動乱時代が終わった。

*ロシア語で「ゼムスキー・ソボル」。1559年モスクワ大公イワン4世（雷帝）により召集された会議（ソボル）が、ゼムスキー・ソボルの起源。16世紀半ばから17世紀にかけてロシアで開かれていた封建的身分制議会。ゼムスキー・ソボルは、ツァーリ、総主教、貴族議会による召集

が可能であった。メンバーは貴族、高位聖職者、商人・町人の代表者など。

ii　父がボリス・ゴドノフに失脚させられ、母とイパチェフ修道院に隠棲していた時代を生き延びた。ロマノフがツァーリに選出されたのは、リューリク朝の姻戚であり、また16歳の少年のため動乱時代以降、モスクワの国土の多くを占領する隣国ポーランドやスウェーデンと結んだ「汚い過去」が無いことなどの理由があった。

iii　名門貴族から成る代表団が、イパチェフ修道院に隠棲していた母親とロマノフに、「ロマノフがツァーリに選出された」旨の決定を伝えた。ロマノフ母子は、「不安定な時期にツァーリへの即位はできない」と初めは拒否。代表団は、「神の意思」を理由に、信仰に厚い母子を無理やりなだめ、即位を承知させた。

iv　17歳の誕生日の前日の1613年7月11日、ロマノフは戴冠式を行い正式にツァーリに即位した。こうして、以後300年つづくロマノフ朝が誕生した。

v　ツァーリに即位したものの、1619年にロマノフの父フィラレートがモスクワ総主教に着任。さらに「大君」の称号を得てツァーリと同格の扱いで、ロマノフを抑えて実質的な統治者となった。フィラレートは国家再建に努め、中央集権の強化や土地・人口調査を進めた。

vi　1624年にロマノフはリューリク朝の血を引く大貴族の娘と結婚した。しかし直後に死別。1626年再婚し、3男7女に恵まれたが、成長した王子は長男だけであった。

vii　1632年、ポーランドのジグムント3世が没し、王位継承争いが勃発した。好機と見たモスクワはポーランドに侵攻した。ところが逆に南方のクリミア・タタールに攻め込まれる事態となった。1633年にフィラレートが急死した。これまでロマノフは、うつうつとした日々を過ごしていたが、ようやく実権を手にし、名実ともにツァーリとして君臨することになった。しかしツァーリとして単独で君臨したのはほんの12年程度に過ぎなかった。

(ii)　事績

i　ロマノフ朝の開祖。しかし病弱のため実権は父親が握った。忍従の日々が22年も続いた。ロマノフが実権を握ったのは父の死後の1635年になってから。早速南部の国境の要塞都市を土塁等で結ぶ防衛線の建設に着手している。

ii　ロマノフは国家再建と国内秩序回復のために尽力した。父親が進めた農奴制強化にも力を入れた。ロマノフ朝の基盤確立に努めた。当初、「全国会議」が重要な行政機関であったが、帝権が強化されるにつれ、これを疎外した。

iii　300年続いた「ロマノフ朝の開祖」としての相応しい事績は残念ながらほとんど見当たらない。

③ピョートル1世

ピョートル・アレクセーエビッチ・ロマノフ（ピョートル大帝）

在位：1682－1725年

(i) エピソード

i　ピョートル1世の生涯において、その称号は、モスクワ・ロシアの「ツァーリ」、初代のロシア「皇帝（インペラートル）」、大北方戦争での勝利で「大帝」、と変化した。

ii　ピョートルは1672年6月9日に生まれた。兄弟としては、異母兄2人と異母姉5人がおり、姉の1人に14歳年上のソフィアがいた。

iii　1676年に父アレクセイが死去すると異母兄のフョードル3世が即位したが、在位6年目に死去した。政争のなかで、イワン5世がツァーリとなり、ピョートルは共同統治者とされ、イワン5世の同母姉ソフィアが、幼い2人の弟の摂政として実権を握った。

iv ソフィアの摂政政府は進歩的な政策を行い内政・外交ともに順調であった。だが、露土戦争の一環としてオスマン帝国の従属国のクリミア汗国との1687年、1689年戦争に失敗、民衆の不満が高まり、失脚した。

v 1694年に母が死去し、名ばかりの共同統治者イワン5世も死去（1696年）し、ピョートルの単独統治時代になる。ピョートルは后妃との間に3人の息子をもうけたが、何の取り柄もない后妃を疎んじ、1698年には彼女を修道院に追放。結婚直後から、外国人居留地出身のオランダ人女性アンナ・モンスを寵愛。それに他家の召使いマルファ（後のエカチェリーナ1世）も寵愛し、1712年に正式に結婚して后妃とした。マルファは戦争捕虜。もとはリボニア地方の農民の娘。改宗しエカチェリーナを名乗った。

vi 長子のアレクセイはピョートルの急激な西欧化に反対。ウィーンに亡命したが、翌1717年に連れ戻された。ピョートルは、彼の支持者を粛清し、アレクセイのツァーリ継承権を剝奪した。1718年には死刑が宣告され、その直後に獄死した。残ったピョートルの後継者も夭折した。男子が一人もいなくなったピョートルは1722年、君主が後継者を生前に指名する「帝位継承法」を定めた。

vii 1724年11月頃、ピョートルはネバ川口の砂州に乗り上げた船の救出作業のため真冬の海に入った。体調を崩し、重い膀胱炎を患い、翌1725年2月没。後継者がいない。

viii
当座のこと、后妃がエカチェリーナ1世として後を継いだ。
ピョートル1世は、身長2メートル13センチの大男であり、普通の人間と並ぶとその高さが際立った。挨拶をする際も、背中が痛くなるほど身体を折り曲げる必要があった。また、生まれつき腕力が強く、常に斧やハンマーを自ら振るっていたため、銀の皿をくるくる巻いて管にできるほどの怪力であった。それに実に手先が器用で、ものづくりを愛好した。はしけ、椅子、食器、タバコ入れなどピョートルの遺作は多く、幅広い技術的知識を持ち、どのような技術でも素早く習得した。

ix
中でも歯科医療には強い興味を示した。抜歯術の手ほどきを受け、抜歯器具を買い込み帰国。廷臣たちの虫歯を麻酔なしで抜いてやった。ピョートルは自らを腕のよい歯科医だと自認。側近たちは手術道具を持った皇帝を怖れた。

x
ピョートル大帝は「帝冠を戴いた革命家」とも異称される。

(ii)
事績

i
当時不凍港といえる港は白海のアルハンゲリスクに限られていた。黒海周辺はオスマン帝国の勢力下にあり、バルト海への出口はスウェーデンに奪われていた。１６９５年に黒海への出口を求めてドン川畔のアゾフ遠征が行われたが、オスマン海軍に妨げられた。これを機に、ピョートルは海軍創設に着手。ドン川畔のボロネジに造船所を建設し、僅か5カ月でガレー船と閉塞船27隻、そして平底川船約１３００隻からなる艦隊を作り上げた。１６９６年、再度行われたアゾフ遠征で、ピョートルは見事南の海への出口を手に入れた。

ii

１６９７年3月から翌１６９８年8月まで、約２５０名に上る使節団が組成され、ヨーロッパに向かった。ピョートル自らも偽名で使節団の一員となり、自分の目で、軍事・科学の専門技術修得に努めた。同時に、対オスマン軍事同盟への参加を各国に打診する外交目的も携えていた。

ピョートルは、アムステルダムで、造船技術を学んだり、東インド会社所有の造船所で船大工として働いた。病院・博物館・植物園の調査を行い、歯科医療や人体解剖の実習にも熱心であった。ロンドンの王立海軍造船所、天文台・王立協会・大学・武器庫などの研究のため足しげく通った。また貴族院の本会議やイギリス海軍の艦隊演習の見学も怠らなかった。ピョートルは、１０００人もの軍事や技術の外国の専門家を雇い入れ、ロシア人の教育に尽力した。

iii

帰国が間近に迫った１６９８年7月、モスクワより「銃兵隊：ストレリツィ*」蜂起の知らせを受け、オーストリアから急遽帰国。ピョートルは早速「銃兵隊」を解散し、国内固めに注力。同時に、ポーランド及びデンマーク＝ノルウェーと、対スウェーデン戦争に向けて着々と準備を整えていった。

＊火器を主装備とした16世紀から18世紀初期にかけて存在したモスクワ・ロシアの歩兵隊。「銃兵隊」と訳される。

iv
１６９９年、ピョートルはポーランド王、デンマーク＝ノルウェー王と反スウェーデン同盟（北方同盟）を結び、バルト海への出口を求めた。１７００年に戦争（この戦争を「大北方戦争」と呼ぶ）が始まったが、「ナルバの戦い」でカール12世の率いる少数精鋭軍に惨敗。その後軍備増強に努め、ポーランドとの戦争に忙殺されるスウェーデン軍の虚をつき、１７０６年にはリボニア地方へ進攻した。

v
１７０８年、カール12世がロシア領に侵攻。１７０９年、ポルタバの戦いでピョートルは冬将軍と焦土作戦でスウェーデン軍に大勝。カール12世はトルコに逃げた。イスタンブールで、カール12世はオスマンのアフメト3世を説き伏せ、１７１１年、ロシアとの交戦に踏み切らせた。ピョートル率いるロシア軍はプルト川河畔でオスマン軍に包囲され敗北。カール12世の帰還、アゾフなど１６９６年にトルコから奪った領土の返還などの条件を受け入れざるを得なかった。

vi
１７１２年、ロシアは巻き返しを図り、ハンゲの海戦で歴史的勝利をおさめ、ロシア海軍の成長を見せつけた。ロシアは勢いに乗じてスウェーデンのドイツ領を侵略、反スウェーデン同盟の加盟国を増やし、スウェーデンへの侵攻拠点を増強し、バルト海への影響力を増大させた。結局、宿敵のスウェーデンとバルト海の覇権を争った「大北方戦争」は、１７２１年にイギリスの調停を受け、ロシアの勝利に終わった。

vii ピョートルは行政改革を進め、スウェーデンをはじめとするヨーロッパ諸国をモデルに、整備を行った。１７１１年、元老院が設置され、ツァーリ不在時の政務を代行することが制度化された。１７１８年には、行政区分、重複官庁、地方の県・州制の見直しなどを進めた。

viii 経済面では、官営工場の設立や工業への保護育成政策を進めた。戦費や新首都建設費などの膨大な費用を捻出するため、髭税も導入するなど様々な物品に税をかけた。また効率の良い人頭税制度を１７１８年から実施した。重い税負担や抜本的な組織改革は、一般民衆の反発を招き、ドン・コサックや農民一揆などの反乱が相次いだ。

ix 貴族に対しては、爵位制度を導入し、大貴族が持つ従来の称号を廃止した。１７１４年、慣習であった領地の分割相続制を禁じて長子相続制に移行させた。

x ロシア正教会に対し国家管理を徹底した。１７００年以降、モスクワ総主教座は空位とされ、教会が持つ免税特権も奪われた。１７２０年には総主教座の廃止に踏み切り、教会を「聖務会院」という国家の世俗機関の管轄下に置いた。ピョートルに抜擢されて教会統制に携わった主教達は西方教会の影響を受けた人々であり、教会にも西欧化の波が及んだ。こうした国家による教会の統制という考え方は、正教会が容認するものではなかった。正教会とは対立し、そのピョートル１世に対する評価は著しく低いものとなった。

xi

１７０３年、ネバ川口にあるデルタ地帯に港湾都市の建設を開始した。ピョートルはこの都市に、「聖ペトロの街」を意味するサンクトペテルブルクというドイツ語名を付けた。ピョートルはペトロのロシア語であり、この都市名は事実上、自分の名を冠したものとなった。この都市は白海のアルハンゲリスクに代わる新しい貿易港として、バルト海交易ルートの中継地点の役割を期待された。しかしこの一帯は湿地帯。地盤が弱く洪水も頻発する。年数万人の労働力と大量の石を投入する大規模な基礎工事が不可欠。しかし１７１２年に完了。ピョートルはこの町に遷都し、大貴族や裕福な商人・職人達にも移住を強制した。１７１４年には人口３万４０００人、その10年後には７万人に達し、首都としての基盤整備に力が注がれた。

④エカチェリーナ2世

ゾフィー・アウグステ・フリーデリケ

在位：1762－1796年

(i) エピソード

i エカチェリーナ2世はロマノフ朝第8代目の女帝。夫はピョートル3世とグリゴリー・ポチョムキン。子はパーベル1世ほか。

ii 北ドイツ（現在はポーランド領）の小君主の娘。ルター派の洗礼を受けゾフィー・アウグスタ・フレデリーケと名づけられた。それほどの美貌ではなかったが、生来の優れた頭脳を活かし、知性や教養を磨いて魅力的で美しい女性となる努力を重ねた。早世した長兄カール・アウグストがロシアのエリザベータ女帝の若かりし頃の婚約者であった縁もあり、ゾフィーは14歳でロシア皇太子妃候補となった。

iii　1744年、エリザベータ女帝の甥で母方の又従兄にも当たる皇太子のピョートルと婚約、翌1745年に結婚した。2人ともドイツ育ち。ロシア文化に不慣れであったが、エカチェリーナはロシア語を習得。ロシア正教に改宗。ロシアの貴族・国民に支持される努力を惜しまなかった。これに対し、知的障害もあったピョートルはドイツ風にこだわり続けた。

iv　ピョートルは男性能力を欠き、結婚後も長期間夫婦の関係はなかった。後にピョートルは手術を受けて回復したが、その頃にはエカチェリーナがセルゲイ・サルトゥイコフら男性と半ば公然と関係を持つようになっていた。ピョートルの方も、有力貴族の娘を寵愛するようになり、夫婦の関係は完全に破綻した。

v　1762年にエリザベータ女帝が死去すると、皇太子のピョートルが3世として皇帝に即位、エカチェリーナは皇后となった。ピョートル3世は、外交面で失政が続いたこと、皇后エカチェリーナを廃し寵姫を皇后に据えようとしたこと、また寵姫の一族を重用したことなどの理由もあって、国民の怨嗟の標的となった。一方で、エカチェリーナ待望論が巻き起こった。1762年7月、エカチェリーナは近衛連隊やロシア正教会の支持を得てクーデターを敢行した。この時、エカチェリーナは軍服の男装で自ら馬上で指揮を執ったとされる。クーデターはほぼ無血で成功した。

vi　在位6カ月のピョートル3世は廃位・幽閉され、間もなく監視役に暗殺されたという。

エカチェリーナ2世は自身の関与を否定したが、真相は不明である。ロマノフ家の血筋でないどころか、ロシア人の血を全く引かない女帝即位には疑問の声も根強かったが、結局、エカチェリーナ自身が正式に女帝として即位することになり、1762年9月、モスクワで戴冠式が行われた。

vii ロシアの文化・教育の整備に力を注いだ。ロシア語辞典の編纂、後世のロシア文学発展の基盤づくり、ボリショイ劇場や離宮エルミタージュ宮殿の建設などに力を尽くした。また、女子貴族のための女学院を設立し、ヨーロッパ諸国の宮廷・社交界に送り込む貴婦人の養成にも力を入れた。エカチェリーナ2世自身も文筆に勝れ、回想録、書簡、童話、戯曲などの文芸作品を残した。

viii 私生活面では生涯に約10人の公認の愛人を持ち、数百ともいわれる男性愛人を抱え、夜ごと人を変えて寝室をともにしたとする伝説もある。孫のニコライ1世でさえ、「玉座の上の娼婦」と、酷評した。

ix 1774年（45歳）頃、10歳年下のポチョムキン（タウリチェスキー公爵）と結ばれる。家庭には恵まれなかったエカチェリーナの生涯唯一の真実の夫と言うべき男性。私生活のみならず、政治家・軍人としても女帝の不可欠のパートナーとなった。2人に男女の関係がなくなった後も「妻と夫」であり続けた。互いの信頼関係は長く続いたが、1791年、ポチョムキンが病で倒れ、女帝に先立って死んだ。晩年のポチョムキンは

x

女帝から遠ざけられ、失意のうちにあった。

伊勢・白子（現・鈴鹿市）の船頭である大黒屋光太夫は、江戸への航海途中に漂流し、1783年にアリューシャン列島のアムチトカ島に漂着。その後ロシア人に助けられ、シベリアのイルクーツクに辿り着く。ここで学者のキリル・ラクスマンと会い、彼の援助で、帰国請願のためサンクトペテルブルクに向かう。1791年、エカチェリーナ2世に拝謁。そこで念願の帰国が認められた。キリルの次男アダム・ラクスマンが付き添い、大黒屋光太夫等を返還するとともに、シベリア総督の通商要望の信書を手渡す。こうして光太夫は遣日使節船に乗り、1792年、根室に到着した。漂着して約8年の年月が経っていた。

xi

1796年11月16日の朝、エカチェリーナは早く目が覚めて珈琲を飲み、いつもの書類仕事を始めた。メイドがよく眠れたかと尋ねると、長い間よく眠ってはいないと答えた。9時過ぎに化粧室に行き、トイレで発作を起こして倒れた。あらゆる努力にもかかわらず昏睡から覚めることはなく、その夜9時45分頃に永眠した。

(ii) 事績

i

エカチェリーナ2世は当時ヨーロッパで流行していた啓蒙思想の崇拝者で、ボルテール、ディドロなどとも文通して、教育の振興・病院の設立・文芸の保護を行った。社会制度の改革にも取り組んだが、当時のロシア社会は女帝の想像以上に未成熟な状態であり、国内で特筆すべき成果を上げることはなかった。

ii ロシア皇室の血筋でもなく、ロシア人ですらないエカチェリーナにとって、貴族の支持は絶対であり、貴族が反対する改革などは到底無理であった。民衆のツァーリに対する不満は高まる一方、反乱が頻発した。1773年、ボルガ川流域でのドン・コサック、農民、工場労働者、炭鉱夫、少数民族による大規模な「プガチョフの乱」はこの種の反乱としては最大のものであったが、1775年に鎮圧された。

iii エカチェリーナ2世は露土戦争や3回のポーランド分割などを通じてロシア帝国の領土を大きく拡大した。オスマン帝国との2度にわたる露土戦争に勝利してウクライナの大部分やクリミア汗国を併合し、バルカン半島進出の基礎を築いた。さらにエカチェリーナ2世は、第2次、第3次のポーランド分割を主導し、ポーランド・リトアニア共和国を消滅させた。

iv 豪放磊落で派手好みのエカチェリーナ2世は積極的な外交政策を推進した一方で、対外的には啓蒙専制君主と見られることを好んだ。1780年にはアメリカ独立戦争に際し、中立国としてアメリカへの輸出を止めることなく続け、ヨーロッパ諸国に働きかけ、武装中立同盟を結束させた。1790年、第一次ロシア・スウェーデン戦争で、ロシア艦隊はスウェーデン海軍に敗れたが、ロシアの国体には何の影響も及ぼさなかった。

ｖ　１７８９年のフランス革命には脅威を感じ、晩年には国内を引き締め、自由主義を弾圧した。１７９１年にスウェーデン王グスタフ３世の提唱した「反革命十字軍」の誘いにも前向きであったが、結成は瓦解した。露土戦争を優先する必要や１７９２年にグスタフ３世が暗殺されたからである。エカチェリーナ２世自身は反革命に協力的であったが、ちょうど卒中を起こしていて動けなかったこともあり、フランス革命への介入は見送られた。

⑤アレクサンドル1世

アレクサンドル・パブロビッチ1世

在位：1801－1825年

（i）
エピソード

i　1777年12月23日、ロシア皇帝パーベル1世の第1皇子としてサンクトペテルブルクで誕生。祖母に当たる女帝エカチェリーナ2世自らがアレクサンドル・ネフスキー*に因み命名した。生まれてすぐ、両親から引き離され、祖母であるエカチェリーナ2世の宮殿で、女帝の手で養育された。エカチェリーナは息子のパーベルと折り合いが悪く、彼を廃してアレクサンドルを帝位につけたいとの願いがあったらしい。

*ネフスキーはスウェーデンやドイツの騎士団からロシアを守ったノブゴロド公。一方キプチャック汗国には服従。彼はロシアの権力者となるため、モンゴル人のキプチャック汗国に進んで臣従。自分の兄弟も含め、反モンゴル活動を弾圧した。1252年にはモンゴルの力で、東方正教会、いわゆるロシア正教の主教座のあるウラジーミル大公となった。「タタールのくびき」は実際のところアレクサンドル・ネフスキーによって始められたとみる向きもある。このアレクサンドル・ネフスキーの子がモスクワ公となり、モスクワ大公国に発展する。実際は、ナチス・ドイツとの戦争が迫り、民族意識を高揚させるため、スターリンがアレクサンドル・ネフスキーを古代の英雄アレクサンドロス大王に匹敵するような人物に仕立てる必要があった。エイゼンシュテインが映画作りを命じられた。

ii　ロシアの伝統的な皇帝（ツァーリ）学を幼少時から叩き込まれた。1793年に結婚。1796年11月、エカチェリーナ2世が逝去。父親がパーベル1世として即位。貴族層の反感根強く、皇帝暗殺計画が多発。遂に1801年3月、近衛連隊が宮殿に乱入。

iii　パーベル1世は殺された。
パーベル1世殺しに関し、アレクサンドルの関与が議論されている。陰謀について事前に計画を知っていた、または決行の日を決めたと言われる。いずれにしても父の死を目の当たりにし、また１７６２年の宮廷クーデターで非業の死を遂げた祖父ピョートル３世のことも思い、アレクサンドルは一層慎重かつ懐疑的になった。１８０１年３月、アレクサンドル1世として皇帝に即位。

iv　人間として多くの美点を有する人物であった。美男子であり、愛嬌に富み、友情に厚かった。また、社交性に富み、ウィーン会議ではその人となりと華麗な立ち振る舞いからひときわ目立った。他人の言葉によく耳を傾けたが、一方でそれは青年期まで受けた教育の影響で、優柔不断かつ曖昧な態度となって終始した。

v　ナポレオンはアレクサンドル1世の人物を早くから見抜き、「知性、優雅さ、教育を備えている。彼は魅力的だが、彼を信頼することはできない。彼は真心が無い。帝国衰退の時代のこのビザンツ人は抜け目なく、偽善的で狡猾である」と評した。

vi　アレクサンドル1世崩御後のロシアは、スパイと秘密警察、不明瞭な帝位継承、離反する軍隊や武装蜂起、偽善によってむしばまれた社会に堕した。アレクサンドル1世の崩御によって帝位は空位となり、この間隙をぬってデカブリストの乱が起こった。

vii　アレクサンドル1世は、専ら教会スラブ語によっていた聖書をロシア語訳とするよう強権を発動、「聖書協会」を通じてその普及に努めた。ところがアレクサンドル1世は正教にはそれほど関心を持たず、モラビア兄弟団やドイツ神秘主義に接触し、クエーカーをロシアに招待するなど、西方への関心が顕著であった。皇帝の正教会に対する無関心は、結果的に19世紀におけるロシア正教会問題の増大と解決の遅延をもたらすことになった。

viii 1825年9月、アレクサンドル・ネフスキー大修道院を訪問したり、皇后を伴い黒海沿岸のタガンログ離宮に行幸したりしていたが、11月熱病に罹り、快癒することなく同19日に崩御した。アレクサンドル1世の突然の崩御は、全ての人々にとって寝耳に水の出来事であった。48歳の若さと身体的にはまだまだ健康と見られていたことから、その死を不可解なことと見なした。アレクサンドル1世は生きていて、身分を隠して隠棲したとする説も流布されたほどだった。

(ii) 事績

i アレクサンドル1世は帝位に就くと、早速「自由主義的」な改革に着手。その命を受け、国政改革はミハイル・スペランスキーが主導した。改革案は、憲法を制定し、皇帝下での立法・行政・司法機関を整備するという法の支配による立憲君主制の確立を目指すものであった。貴族・官僚層は憤激した。抗議が強まり、アレクサンドル1世としても躊躇し始めた。それにナポレオン・ボナパルトの恐怖が迫っていた。アレクサンドル1世はナポレオンとの対決に備え、国内における対立に終止符を打つ必要に迫られた。1812年3月、スペランスキーを解任し、ニジニ・ノヴゴロドに追放した。

ii
アレクサンドル1世は「秘密委員会」を設立。委員会は、アレクサンドルの「若き友人たち」、すなわち西欧の進歩的啓蒙思想に通じた青年貴族たちによって組織された。アレクサンドル1世自身が議長となって議論が行われた。ロシア帝国の改造、すなわち専制から法的秩序の確立のため、憲法を中心とする立憲君主制の導入、農奴制の廃止、教育制度の改革といった問題について議論がなされた。議論は空転。貴族層を中心にした保守派の反発が強く、議論だけの委員会で、1807年に解散された。

iii
アレクサンドル1世は即位直後、父帝の中立路線を翻し、1801年にイギリスと同盟した。同時に神聖ローマ皇帝フランツ2世と同盟を協議し、さらにプロイセンとも同盟を締結した。こうした各国との同盟強化の背景にはナポレオン・ボナパルトの存在があった。当初アレクサンドル1世はナポレオンに対し敬意を持っていた。しかし、ナポレオンの野心的な行動を現実に目の当たりにし、恐怖を抱くようになった。露仏関係は冷却化し、国交を断絶するに至った。

iv
1804年12月、ナポレオンがフランス皇帝に即位。アレクサンドル1世は、「ヨーロッパの圧制者、世界の平和の妨害者」と断じ、1805年にイギリス、オーストリアと第三次対仏大同盟を結んだ。ナポレオンは対仏大同盟を崩すため、ロシアに対峙し、ポーランド、オスマン、ペルシアと同盟関係を結び、ロシアを牽制した。

v　１８０５年12月、アウステルリッツの戦い（三帝会戦）に敗れたアレクサンドル1世は、ほうほうの体でロシアへ逃げ帰った。１８０７年２月のアイラウの戦い、６月のフリートラントの戦いで敗北したアレクサンドル1世は、ナポレオンとの間に講和を結ばざるを得なくなった。両者はプロイセン・ロシア国境のネマン川に浮かぶ筏の上で初めて顔を合わせた。７月７日、アレクサンドル1世は和約に同意し、対仏大同盟からロシアを離脱させ、対英経済封鎖網である大陸封鎖に参加することになった。

vi　一方、ナポレオンはアレクサンドル1世にフィンランドを与える約束をした。この結果、第二次ロシア・スウェーデン戦争が始まった。勝利したロシアは、１８０９年９月、フィンランドを併合。さらに１８０６年からトルコと戦争状態に入り、１８１２年にベッサラビアを併合した。

vii　ナポレオンに対して、誠実な同盟者として振る舞っていたアレクサンドル1世であったが、ポーランド問題をめぐり、両者間の利害が対立した。フランス軍は一方的にオルデンブルグ大公国に進駐した。同大公国にはアレクサンドルの妹エカテリーナが大公妃として嫁いでいた。こうして露仏間の同盟には決定的な亀裂が入った。アレクサンドル１世は、秘密裏にフランスとの決裂の時に備えた。ナポレオンも、ロシアが大陸封鎖令に違反していることを口実に、ロシア遠征を準備した。アレクサンドル1世とナポレオンは再び相対峙することになった。

viii

１８１２年6月、ナポレオンの率いる総勢69万１５００人の大軍は、ロシア国境のネマン川を渡り、ビリニュスに集結し、ロシア領内に侵入した。ロシア軍はこれを迎え撃たず、後退する焦土作戦を採った。アレクサンドル1世は、後退策が消極的であるとの批判が起こると総司令官を解任した。しかし後任のクトゥーゾフ将軍もさらに軍を後退させ、ナポレオンのモスクワ入城を許す戦略を採った。その夜、モスクワは大火に見舞われた。ナポレオンは撤退を決断し、フランスが誇る大軍は退却を開始した。

ix

アレクサンドル1世はモスクワ大火と冬将軍でナポレオンを撤退させ、余勢を駆って、対仏大同盟を復活することに注力した。同年7月、フィンランドでスウェーデンと友好関係を結び、スウェーデンを対仏同盟側へ引き込むことに成功。その折に、「スウェーデンがノルウェーを取得すること」、「ロシアがスウェーデンに対し、フランス王への王位推戴を約束すること」を約束した。

x

ナポレオンの失墜後、ヨーロッパ最強の君主の一人となったアレクサンドル1世は、ヨーロッパに新たな国際秩序を再建すべく「ヨーロッパの救済者」としての自負を持ってウィーン会議に臨んだ。アレクサンドル1世は列強の首脳たちに対してキリスト教精神に基づく「神聖同盟」構想を発表した。これは後に実現されたが、当初は彼の神秘主かなかった。

列強首脳は神聖同盟を言葉通り受け取ることはなく、ロシアの一層の覇権確立のための手段と受け取っていた。また、ヨーロッパやロシア国内の自由主義者たちは、彼の言動は偽善に過ぎないと受けとめていた。これに対して、アレクサンドル1世はロシア国内の反対を押して1815年にポーランド立憲王国を復興し、ポーランドに対して憲法を与え、国会の開会を勅許した。また1809年に獲得したフィンランドもフィンランド大公国として承認され初代大公となった。ただスウェーデン王太子ベルナドットのフランス王への推戴は反発もあって取り下げた。

1818年頃からアレクサンドル1世の政治的見解に変化が生じた。ナポレオン戦争に従軍した青年将校の一部は、西欧の進歩に衝撃を受けるとともに祖国の遅れを痛感するようになった。こうした一部の近衛士官は急進化し、革命による共和制樹立、さらには皇帝暗殺の密議を謀る者まで現れた。このような動きが露見し、アレクサンドル1世はそれまでの自由主義的政治思想をかなぐり捨てた。オーストリア宰相メッテルニヒと親交を結び、彼に強く影響されるようになり、一挙に反動政策へと転換。青年将校らの不満分子や秘密結社の動きは急進化した。晩年期のアレクサンドル1世は、こうした動きを察知していたが、全てに無関心となっていた。

xi

義的、敬虔主義的姿勢もあって、列強首脳の冷笑と不信、猜疑心をかき立てるものでし

⑥ニコライ2世

ニコライ・アレクサンドロビッチ2世

在位：1894－1917年

(i) エピソード

i　ニコライは、1868年5月18日、ロシア皇帝アレクサンドル3世の長子として誕生した。彼の人柄は、「専制君主としての自負や教養に欠け、優柔不断で、努力も覇気もなく、お人好しではあるがわがままで、気まぐれの性分であった」と語り伝えられている。

ii　1890年の秋、皇太子ニコライは、エジプトからインドを経て、極東に至る大旅行に出発した。最後の訪問地の日本を経てウラジオストクに向かい、そこで、シベリア横断鉄道の起工式に臨席する予定であった。ニコライが日本に到着したのは、1891（明治24）年春。大津滞在中に事件が勃発した。5月11日、路上警護に当たっていた巡査津田三蔵がニコライにサーベルで切り付け、負傷させた。いわゆる「大津事件」。満州をめぐる日露の緊張した関係のもとで起こった難題であったが、両政府はよく自制し、つつがなくこの問題に対処した。

iii　１８９４年10月、アレクサンドル３世が逝去し、皇太子ニコライがロシア帝国の皇帝となった。皇帝即位の数週間後の同年11月にニコライは結婚した。

iv　后妃となったのはアレクサンドラ・フョードロブナ。南ドイツのヘッセン・ライン大公の末子（兄１人、姉３人）として誕生した。結婚前は母と同じアリーサという名であった。父大公は普仏戦争の勇者として武名高く、母アリーサは英国ビクトリア女王（在位：１８３７－１９０１年）の次女であった。彼女が６歳のとき母が病死したので、彼女は英国王室に引き取られた。

v　結婚したニコライは家庭では優しい父親であった。アレクサンドラとの間に４人の皇女（オリガ、タチアナ、マリア、アナスタシア）が生まれた。しかし皇太子には恵まれなかった。世継ぎの男子が生まれないことを深く気に病んで、彼らは夫婦揃って信仰に凝り出した。

vi　１９０４年8月、日本との戦争の真っ最中に、待ちに待った皇太子が生まれた。結婚後11年目であった。この皇太子は、ロマノフ朝第二代皇帝にあやかって、アレクセイと名づけられた。ところが、「神から授かった」皇太子ではあったが、「血友病」であることが判明。アレクサンドラの実家であるヘッセン大公家がその家系であったのだ。血友病は、出血しやすく、しかも一旦出血すると容易に血が止まらない。この病気は、健康と見える母を経て、男の子だけに遺伝する。アレクサンドラは、医学の力が及ばなくても、自分の信仰の力でアレクセイを救いたいと思った。そして一層信仰にすがるようになった。

vii　当時大使館に在勤していた芦田均の回顧録によれば、「至近距離で目にしたニコライ2世は、神経質ではあるが、虚飾のない、親切な、聡明な紳士という感じ」であったという。

viii　子煩悩なニコライ。そのニコライが望んで望んで神から与えられたかけがえのない一人息子のアレクセイ。そのアレクセイが血友病だという。うちのめされるニコライ。それ以上にその罪を一身に引き受け、自分の信仰の力で治そうと必死の皇后アレクサンドラ。彼女の前に、妖僧ラスプーチンが登場する。このシベリア生まれの修道僧は、様々な「奇跡」を行ってみせ、皇帝および皇后の深い信頼を得るようになる。ラスプーチンは宮廷ばかりでなく、多くの貴族、政治家たちも味方につけ、政治にも口出しするようになった。

ix　こうしてラスプーチンは国政の人事にまで手を染めるようになり、ロシア民衆の憎悪を一身に受けるようになった。「ロシアの苦しみはすべてラスプーチンから発した」とまで言われ、毛嫌いされるようになった。遂にラスプーチンの暗殺が現実化した。暗殺は、ドミトリー大公、ユスポフ公爵らによって、1916年の12月29日の夜から翌日未明にかけて断行された。ペトログラードではラスプーチンの死を知って歓喜のおたけびが上がったという。

x　ニコライ2世が退位し、弟のミハイルが帝位を継いだが、わずか1日で退位している。

(ii)　事績

i　皇帝権不可侵の教育を受けたニコライ。皇太子としての特別な教育（帝王学）を受け、軍事訓練のため近衛連隊に配属され、即位のときまでに近衛将校として大佐に進んだ。彼はこの関係で、近衛大佐の制服を好んだ。気軽で、平民的、自由主義的で、封建的な宮中のしきたりなどには一向お構いなしに振る舞う皇太子時代のニコライは人気があった。ニコライは、反動的な父とは反対の開明君主らしいという噂は、ロシアの国民に期待を抱かせた。

ii　ニコライ2世は、不況が進み、列強との帝国主義的対立も顕著となった複雑な難しい時代の舵取りを任された。労働運動は激化、農村にも被抑圧民族にも動揺が増大した。政府は軍隊の力で弾圧し、対外進出でブルジョアの経済的野心を満たし、国民の不満をかわそうとした。1891年から始まったシベリア鉄道の敷設、1895年の対日三国干渉、1896年の清国からの東清鉄道敷設権の獲得、朝鮮への勢力拡大とロシアをめぐる国際情勢はめまぐるしく変化した。

iii　1896年5月14日、ニコライは歴代の皇帝の例に倣ってモスクワのクレムリンで戴冠式を挙行した。5月18日、モスクワ郊外で一般国民の祝賀祭が催されたが、そこで死者1389人、負傷者は約1300人に上る惨事が突発した。新皇帝の暗い将来を暗示した。日露戦争（1904～1905年）、血の日曜日事件（1905年1月）、ストルイピン首相の暗殺事件（1911年9月）、第一次大戦（1914～1918年）と、帝国の根底を揺るがす事件や戦争が続発した。

iv　1916年12月、ラスプーチンは暗殺されたが、政局の混乱がその極点に達したことを物語るものであり、皇帝の退位は避けられないことであった。1917年に入って、多くの人々は言わず語らず、遠からず何事か起こるとの予感を抱き始めていた。

v　1917年2月23～25日にペトログラードで大規模な政治ゼネストが勃発し、2月27日に帝政政府が崩壊した（二月革命）。3月2日、臨時政府が樹立され、ニコライ2世はロシア帝国最後の皇帝として退位し、臨時政府の監視下でペトログラード郊外のツァルスコエ・セローの離宮に幽閉される。ニコライとその家族は、8月に西シベリアのトボリスクに移送される。十月革命でソビエト政権が成立。翌1918年4月、さらに皇帝一家はウラル地方の中心都市エカテリンブルクへ移送された。

vi　各地で、反革命勢力や白衛軍が革命に反旗をひるがえし、エカテリンブルクもその脅威にさらされた。元皇帝一家が反革命勢力に奪還されることを恐れたウラル地方ソビエト執行委員会は、ニコライおよびその家族の銃殺を決めた。1918年7月16日から17日にかけての深夜、4人の侍従とともに元皇帝一家は全員殺害された。

4 ほんの概略だけのソ連邦史

1917年2月と10月に、ロシア帝国で、2度の革命が起きた。これを一般にロシア革命と呼ぶ。ただ史上初の社会主義国家樹立をいう場合は、とくに十月革命のことを指す。

なお、「二月革命」、「十月革命」とは当時ロシアで用いられていたユリウス暦における呼称。現在用いられているグレゴリオ暦では「三月革命」、「十一月革命」となる。1918年2月14日のグレゴリオ暦導入まではユリウス暦による月日で表記されていたので、その表記法に従う。なお簡便法でこの時期は13日を加算するとグリゴリオ暦に換算される。

ペトログラードのデモに端を発する1917年3月12日（ユリウス暦2月27日）の二月革命後、漸進的な改革を志向する臨時政府が成立していたが、第一次世界大戦でのドイツ軍との戦線は既に破綻しており国内の政治的混乱にも収拾の目処は付いていなかった。

同年8月に起こった守旧派の反乱が失敗した後、ボリシェビキに対する民衆支持の高まりもあり、武装蜂起への道が開かれた。そしてついに同年11月7日（ユリウス暦10月25日）、権力奪取に成功した。

同日、最初のソビエト大会が開催され、ソビエトによる体制の成立と、政府である人民委員会議が成立。首相にあたる議長にはウラジーミル・レーニン、外務人民委員にはレフ・トロツキー、民族問題人民委員にヨシフ・スターリンが就任した。ソビエト政権はモスクワ近郊を制圧し、11月10日には左派社会革命党を政権内に取り込むことに成功。1918年1月、第3回全国ソビエト会議を開催。ロシアは、労働者・兵士・農民のためのソビエト共和国であり、連邦制をとることを宣言し、ロシア社会主義連邦ソビエト共和国が誕生。

ボリシェビキは1919年に「共産党」と改称。国内外ともに多事多難の時期。ドイツ帝国とはブレスト＝リトフスク条約を結び講和。連合国とはシベリア出兵に関する交渉。白軍とは内戦継続。一方でウクライナ人民共和国やアゼルバイジャンのバクー・コミューンなどのソビエト政権が各地で次々に成立。これら各政権は独立国であったが、ロシア・ソビエトとの統合の道を選んだ。

経済面では、内戦中に戦時共産主義を導入。これは急激な国営化や集団化であったため、農業と工業の減退を招き、数百万人の餓死者を出すに至った。しかし1921年に始まったネップ（新経済政策）で、経済はようやく持ち直し始めた。

ロシア内戦が収束に向かい、ロシアへの統合への動きが加速した。1920年、ロシア連邦共和国とアゼルバイジャン社会主義ソビエト共和国間で、緊密な軍事的・政治的な同盟条約が締結された。ウクライナ、白ロシア、グルジア、アルメニアとも同様の条約を締結。これらの国々は憲法を持つ主権国家ではあったが、最高機関は全ロシア・ソビエト大会と全ロシア中央執行委員会であり、ロシア連邦共和国の主導権を容認するものであった。

1922年5月、レーニンが脳出血で倒れ、命は取り留めたものの影響力は低下した。すでに4月、スターリンがロシア共産党の書記長に就任、党組織を掌握。8月、ソビエト政権統合のための委員会が設置され、スターリンが主導した。スターリンは9月に各政権が自治共和国として、ロシア・ソビエト社会主義共和国連邦に加入するという統合形式を発表した。

これに対しグルジアが反対。他の各共和国も表立って反対はしなかったものの、不満は根強いものがあった。そこで、10月の中央委員会で、各共和国が対等な共和国として連邦に加入するという形式が定められた。結局グルジア等ザカフカースの３共和国はザカフカース社会主義連邦ソビエト共和国となって、連邦結成後になって加入した。

12月には第1回全連邦ソビエト大会が開催され、12月30日にロシア連邦共和国、ウクライナ社会主義ソビエト共和国、白ロシア社会主義ソビエト共和国、ザカフカース連邦の４国が平等な立場で加盟する「ソビエト社会主義共和国連邦」の樹立が宣言された。連邦には各国が自由な意志で参加・脱退できると定められていた。１９２４年1月31日には最初のソビエト連邦憲法が成立した。

１９２４年にレーニンが死亡。スターリンとトロツキーの対立が表面化した。スターリンはトロツキーを孤立させ、次いでレーニンの側近達にも攻撃を加え始めた。１９２７年、トロツキー、ジノビエフ、カーメネフらを党から除名した。これでスターリンは優越者としての地位を確立した。

１９２４年のレーニン死去、トロイカの集団指導、短期間の権力闘争の後、１９２０年代中頃にスターリンが政権を握った。スターリンは自らに対する政治的敵対勢力を抑圧し、自らが創造したマルクス・レーニン主義を国家イデオロギーとし、計画経済を推し進めた。ソ連邦は、急速な工業化および集団農場化により、ソ連邦の苦しい時代を乗り越え、新しいイデオロギー国家としての地歩を築き、第二次世界大戦後の米ロ強国体制への道を開いた。しかしながら、スターリンは、大規模で恣意的な逮捕を繰り返し、多くの軍事指導者、共産党員、一般市民を強制労働収容所へと駆り立てた。

第二次世界大戦の初期、国家社会主義ドイツ労働者党のアドルフ・ヒトラー率いるナチス・ドイツに対し、英仏はソビエト連邦と同盟を組むことを拒否。これをみてソ連はドイツとの独ソ不可侵条約を締結。同条約は両国間の対立を先延ばしにしたが、1941年にドイツが約束を破ってソ連に侵攻。ここに歴史上最大の戦争といわれる「独ソ戦」が始まった。スターリングラードにおける激戦で、ソ連の戦争死傷者数は同大戦の最大割合を占めた。最終的には、1945年にソ連軍は東ヨーロッパへと進軍し、ベルリンを占領した。ソ連は中央および東ヨーロッパの枢軸国軍に制圧されていた領土を占領し、同領土はソ連の衛星国になった。

1953年、スターリンが死亡。フルシチョフが政権を握った。フルシチョフは、「非スターリン化」を掲げ、穏健な社会・経済面の自由化を旗印に掲げた。ソ連は、一面では、20世紀の重要な技術的偉業を成し続け、史上初の人工衛星打上げおよび世界初の有人宇宙飛行を行い、宇宙開発競争で米国に並び立った。１９６２年、キューバ危機が勃発。両国間で極度に緊張が高まり、核戦争の危機が懸念された。

１９７０年代は総じて緊張緩和の一時であった。しかし１９７９年、ブレジネフ政権下にあったソ連がアフガニスタンの要請を受け、軍事支援を開始。欧米諸国の経済制裁が課されるなか、１９８０年7月、ソビエト連邦（現・ロシア連邦）の首都モスクワで第22回夏季オリンピックが開催された。共産圏初のオリンピックであったが、米国カーター大統領が主唱して集団ボイコットの事態となった。ソ連のアフガニスタン作戦は、結局経済資源の浪費、無意義な政治的結果だけを残し、ゴルバチョフ時代になって撤退した。

ゴルバチョフ

１９８５年、ソ連邦最後の指導者となるゴルバチョフが若き書記長として登場した。現場感覚を欠くゴルバチョフは、連邦の改革および北欧型の社会民主主義の実現を掲げ、政治の民主化や経済の立て直しに着手した。そのためのスローガンは、「立て直し（ペレストロイカ）」、「説明責任（グラスノスチ）」という美辞麗句であり、その実現による国づくりを国民に訴えた。

世界はロシアに起こったこの新しい動きを歓迎した。とくにこれまでソ連の強制下にあったソ連邦構成15各国は、ゴルバチョフの理想とはまったく異なる「新体制や自由」を求めて独立運動へと動き始めた。

1991年8月、ゴルバチョフに対し政策を覆させようとする守旧強硬派のクーデターが企てられた。クーデターは当時ロシア大統領に就任していたエリツィンによって鎮圧され、失敗に終わった。ここにおいて、ソ連邦共産党書記長からソ連邦大統領になっていたゴルバチョフの時代は終わり、新しく誕生したロシア連邦エリツィン大統領時代へと転換する。

ちなみに1990年前後の慌ただしい動きを整理してみると次の通り。

1988年10月　ゴルバチョフソ連邦共産党書記長が最高会議幹部会議長を兼任。
1990年2月　ソ連邦がソ連邦共産党の一党独裁制を放棄。
　　　3月　リトアニアがソ連邦からの一方的独立宣言。
　　　　　ソ連邦大統領にゴルバチョフが就任。
　　　5月　ソ連邦が市場経済移行を宣言。
1991年7月　ロシア共和国大統領にエリツィン就任。
　　　8月　エリツィンの活躍で、守旧派によるクーデター失敗。

10月　国家保安委員会（ＫＧＢ）が解体。
12月　ソ連邦対外経済銀行がデフォルト宣言（12月４日）。ソビエト連邦共産党の解散。ゴルバチョフソ連邦大統領辞任。ソビエト連邦の解体。エリツィンロシア共和国大統領がほぼすべてを承継。独立国家共同体創設。

5 ソ連邦崩壊時の権力闘争とロシア連邦誕生

⑴ ゴルバチョフとエリツィンの権力闘争

ブレジネフ書記長時代の１９７０年代後半以降になると経済停滞等国内問題に多くの破綻が表面化した。加えて中ソ関係や米ソ関係の悪化が重なり、とくに米ソ関係は、ソ連による１９７９年のアフガニスタン軍事介入で決定的に悪化した。

１９８２年にブレジネフが死去。その後任アンドロポフは病弱で、1年半後の１９８４年に死去。次の書記長になったチェルネンコも病弱で、就任の翌１９８５年に死去。こうした中で、１９８５年４月、54歳の若きゴルバチョフが書記長に就任。「立て直し（ペレストロイカ）」と「説明責任（グラスノスチ）」を掲げて、新しい国づくりに挑戦しようとした。しかし肝心のソ連邦の構成共和国や足下のロシア大衆の理解や協力は得られず、守旧派との激しい対立もあって、理想の実現は頓挫した。

ゴルバチョフはスターリン以来の硬直した計画経済を是正することでソ連経済を立て直そうとした。しかし大衆は、西側に融和的なゴルバチョフの政策とみて、「祖国を売り飛ばす行為」と即断した。そして何よりも先ず、ゴルバチョフには、修羅場をくぐり抜けるしたたかさも、戦術も、また現場感覚ももちあわせていないことを読み取っていた。国民はゴルバチョフを好まなかった。ソ連がばらばらになった。

不幸な事に、1986年4月、チェルノブイリ原子力発電所事故が起こった。対応を巡って、ソ連指導層に混乱が生じた。事故を隠蔽すべきと考えていた守旧派は、改革派であるゴルバチョフに対して事故の規模を矮小化して報告していたが、スウェーデン情報で事故の悲惨さが明るみに出た。しかしゴルバチョフは、「事故の事実は認めるが、設計上の問題は認められない」という守旧派にも改革派にも不満の残る対応をとった。

ここにエリツィンが登場する。彼はゴルバチョフが守旧派と妥協していくことに反発。1987年にはこれが原因でモスクワ市党委第一書記を解任されている。さらに1988年2月には政治局員候補から外されている。一方、ゴルバチョフは、グロムイコ幹部会議長の辞任を受け、同年10月に自らの兼任とした。

エリツィンは、１９８９年、結成された民主綱領派のリーダーとなった。１９９０年２月、守旧派が政策集団「ソユーズ」を結成。７月のソ連邦共産党大会でゴルバチョフ書記長が再選される。エリツィンはこれに反発してソ連邦共産党から離党。同年４月にはエリツィンら急進改革派が結成した地域間代議員グループに所属するがモスクワ市長に当選。１９９１年１月、ソ連軍がバルト三国に軍事介入。これに反発したソ連国民がゴルバチョフの退陣を要求する事態になった。

エリツィン

ゴルバチョフとエリツィンは４月に和睦し、ソ連邦立て直しのための基本条約に調印した。しかし、ゴルバチョフ政権を支えていた守旧派は、この動きに抵抗した。この頃、ソ連の国民世論はエリツィンら急進改革派支持へと傾いていた。同年６月、ロシアの急進改革派の政治家で法学博士、プーチンとメドベージェフの師で、両者の政界進出のきっかけを作ったサプチャークがレニングラード市長に当選した。また同年６月20日のロシア大統領選で、保守派が擁立したルイシコフ前ソ連首相がエリツィンに惨敗した。こうして保守派は追い詰められていった。

同年12月25日、ソ連邦大統領ゴルバチョフが辞任を表明。それと同時にクレムリンに掲げられていたソビエト連邦の「鎌と鎚の赤旗」が降ろされ、これに代わってロシア連邦の「白・青・赤の三色旗」が掲げられ、エリツィン時代がスタートした。

⑵ エリツィンとプーチンの関係

プーチンはエリツィンの後継者となったが、どういった理由からであろうか。そもそも彼は、どうして大統領まで上り詰めることができたのか？

プーチン

プーチンは１９５４年からソ連崩壊（１９９１年）まで存在したソビエト社会主義共和国連邦の情報機関・秘密警察（軍の監視や国境警備も含む）である「ソ連国家保安委員会」の出身者。東西冷戦時代にはアメリカの中央情報局（ＣＩＡ）と一、二を争う組織と言われていたが、ソ連崩壊と同時にロシア連邦保安庁（ＦＳＢ）に権限を移行した。日本での略称はКГБを翻字したＫＧＢ（露：カーゲーベー、英：ケージービー）。

実際、プーチンは１９７５年にＫＧＢに入り、レニングラード（現在のサンクトペテルブルク）での対外諜報部勤務などを経て、最終的には東ドイツのドレスデンに駐在し中佐にまで昇進した。しかし特別の事績といったものは記録されていない。

１９９０年、プーチンはＫＧＢに辞表を提出し、恩師で、当時レニングラード市ソビエト議長だったサプチャークの国際関係担当顧問となった。１９９１年６月、サプチャークがレニングラード（同年11月にサンクトペテルブルクと名称変更）市長に当選すると、対外関係委員会議長に就任。その後、１９９２年にサンクトペテルブルク市副市長、１９９４年３月に同第一副市長へと栄進した。外国企業や外国投資の誘致に大きな実績をあげるとともに、サプチャーク市長の下で陰の実力者として活躍した。

１９９６年、サプチャークが市長選挙で、ヤコブレフに敗れて退陣。ヤコブレフによる慰留を断り、結局は、モスクワ勤務を実現、ロシア大統領府総務局次長の職を選んだ。プーチンはここで、法務と旧共産党の資産移転と管理を担当。１９９７年３月、プーチンはロシア大統領府副長官兼監督総局長に栄進した。

1998年5月、プーチンはロシア大統領府第一副長官となり、地方行政を担当し、地方の知事との連絡役を務めた。同年7月、KGBの後身であるロシア連邦保安庁（FSB）の長官に就任。時はまさにエリツィン大統領がマネーロンダリング疑惑で窮地にあった時である。当時検事総長であったのがスクラートフ。そのスクラートフが女性スキャンダルで失脚した。他方、エリツィン追い落とし劇が画策されていたが、プーチンはこれを未然に防いだ。こうした功績によりプーチンはエリツィンの信頼を得るようになったという。

プーチンはエリツィンによって1999年8月9日に第一副首相に任命された。同日ステパーシンが首相を解任されたため、そのまま首相代行になる。この時、エリツィンはプーチンを自身の後継者とすることを表明した。1週間後の8月16日、プーチンは正式に首相に任命された。首相に就任するや、第二次チェチェン紛争の制圧に辣腕をふるい、「強いリーダー」というイメージを高め国民の支持を獲得した。

当時、ポスト・エリツィン大統領を狙うプーチンの有力な対抗馬は元首相のプリマコフ。同年12月19日に行われたロシア下院選挙で、プーチンを支持する与党「統一」の獲得議席数がプリマコフを支持する「祖国・全ロシア」の議席数を凌駕。プーチンは次期大統領の座をほぼ確実なものとした。後にプリマコフは次期大統領選への出馬を断念。同年12月31日、健康上の理由で引退を宣言したエリツィンによってプーチンは大統領代行に指名された。

各種情報によれば、エリツィンは大統領退任までの間、海外から入ってくる援助やカネを少なからず私的に流用していたという。すべてを知っているプーチンはエリツィンと面会し、「退任後に訴追はしない」という一筆をしたため、プーチンが大統領になるためのエリツィンの支持を取り付けたという。

日露を問わず、政治家の表と裏の顔についてはなかなか判じ難いが、エリツィンについて、元共同通信社外信部長中澤孝之氏が書いた記事を思い出す。貴重な内容を含むので引用しておきたい。

エリツィン・ロシア共和国最高会議議長は就任3カ月後の1990年8月22日、国家(ロシア共和国)元首として初めて北方領土の国後島を視察し、ソ連は北方領土を放棄すべきではないとの考えを表明するとともに、5段階の北方領土問題解決策を改めて提唱した。

モスクワ放送の情報紙「インタファクス」によると、エリツィン議長は「国後島の訪問で私のクリル諸島（千島列島）に対する考えは大きく変わった」と前置きし、「この地の環境は貧弱だと思っていたが、有力なリゾート地だ。観光振興や小規模の水産加工工場を建設することも可能である。国後島から判断すれば、ここは放棄すべき所ではない」と言明。「ここに住む人びとはずっと定住したいと思っていることを確信した」とも付け加えた。

また、エリツィン議長は「係争地域（北方四島）はロシア共和国の管轄下に置かねばならない」と強調した。さらに同議長は、

(1)ソ連が領土問題の存在を公式に認める、(2)領土問題を前提条件にしないで日ソ間の平和条約を締結する、(3)クリル諸島とサハリン（樺太）を自由企業地帯と宣言する、(4)島々を非軍事化する、(5)次世代に、最終的な解決法をゆだねる——

の５段階の解決策を提示、４段階までに15年から20年かかるだろうとの見通しを明らかにした。これは同氏が１９９０年１月来日したときにも提案したものである。

第Ⅱ章に関わる参考文献

1　久光重平『西洋貨幣史』国書刊行会：1995
2　田中陽兒・倉持俊一・和田春樹編『ロシア史』山川出版社：1995
3　岩間徹編『ロシア史』山川出版社：1967
4　外川継男『ロシアとソ連邦』講談社：1978
5　亀井高孝・三上次男・林健太郎・堀米庸三編『世界史年表・地図』吉川弘文館：2016
6　川端香男里・佐藤経明・中村喜和・和田春樹・塩川伸明・栖原学・沼野充義監修『新版ロシアを知る事典』平凡社：2004
7　栗生沢猛夫監修／デヴィッド・ウォーンズ著『ロシア皇帝歴代誌』創元社：2001
8　新人物往来社編『ロマノフ王朝』新人物往来社：2011
9　Wikipediaの各「ゴドノフ」、「ロマノフ」、「ピョートル1世」、「エカチェリーナ2世」、「アレクサンドル1世」、「ニコライ2世」の項
10　アンリ・トロワイヤ著／工藤庸子訳『大帝ピョートル』中央公論社：1981

第Ⅲ章

日本人とロシア人の出会いについてみておこう

1 日本人とロシア人の最初の出会い

両者の最初の出会いということであれば、「遺跡」という想像の世界が考えられる。実際、紀元前後から8世紀頃まで、北海道を中心に、南千島や東北北部に痕跡を残すのが続縄文文化。続く9世紀になると、擦文文化が全道的に栄え、オホーツク海や根室海峡にも広がりを見せた。こうした共通遺跡群は、北海道東岸、南サハリン、千島列島の海岸にも存在し、お互いの間に、古くから交流があったことを窺わせる。

次の段階は、私の勝手な推測も入るが、地図を介しての出会いだ。この段階においては、人の往来の記録があって然るべしなのだが、それがあまりはっきりしない。今でも千島など北方地域は、悪天候と濃霧の世界。それ故に、地図の世界では、長いこと不詳の地であった。1471年、韓国の政治家・博物学者で、日本にも来た申叔舟が『海東諸国絵図』を作った。これが「蝦夷」という島があることを描いた世界最初の地図。その後、沢山の地図が作られたが、蝦夷がなかったり、アジア大陸の中に描かれたりの状態であった。１５９３年、豊臣秀吉が松前慶広に知行を認可。１５９９年の『蝦夷之図』を手はじめに『慶長国絵図』、『正保国絵図』が作成されたことになっている。残念ながら、全て消失。現存する最古のものは、１６４４年に、北海道を周回した北条氏長が作成した『正保日本総図』。稚拙ながら、北海道はもとより、サハリンや千島が地図上に示された最初の地図となった。

一方、「書物」を介しての出会いがある。メルカトル図法で有名なオランダの学者ゲラルドゥス・メルカトルの主著『地図帳アトラス』が、彼の死後の１６０６年に刊行され、モスクワにも持ち込まれた。ロシアにおいては、地理的記述の部分が勅命で翻訳された。その後、１６５５〜１６６７年に、『世界誌と称される本、すなわち、世界の諸地方および列強の記述』という同地図の改作本が作られ、これが広く読まれた。「日本は、東はアメリカまで伸び、北はスキティアとタタールに接し、多くの未知の野蛮人が住んでいる」。ロシアが日本のことを知った最初の書物となった。なお、「ロシア人」について日本で最初に書かれた本ということになると、これはかなり遅れて、１７８１年に書かれた『赤蝦夷風説考』ということになる。紀州藩医の子で、江戸常勤の仙台藩医工藤平助が、行ったこともないロシアについて、耳学問で、書き上げたものだ。「赤蝦夷（＝コザック）の本国はヲロシャなり。リュス国（＝ルーシ国）も同じで、城下はムスコビヤ（＝モスクワ）といふ。……（かかる国を）物知りに尋ぬれども知る人なし」といった具合に、言語・文字・地理・歴史などについて論じている。
こうして、両者の出会いの萌芽期が終わり、今度は、実際に、日本人とロシア人の交流が始まる。この時期の「出会い」がその後の両国の関係を形成するうえで、決定的に大切な役割を果たすことになった。現在の「日ロ関係」は、この時期に遡って存在するのではないか。こうした視点から、この時期の出会いを見てみたい。

第1は、「漂流民」という生身の人間を介した出会いだ。ロシアがウラルを越えて、東方への進出を始めたのは、イワン4世（雷帝）の時代。1581年秋、エルマークがシベリア汗国を滅ぼし、これが東進への第一歩となった。その後、1587の年トボリスクを手始めに、トムスク、エニセイスク、ヤクーツクへと次々に砦を造りながら東進。1639年、トムスクからレナ川に派遣されたモスクビッチがオホーツク海に辿り着き、北から太平洋に到達した初めてのロシア人となった。東進をはじめてから60年後のことだ。その後もロシア人の探検意欲は衰えず、1697年には、アトラソフがカムチャツカに辿り着く。そこで、アトラソフは、「インド帝国支配下のウザカ国人の温和で非常に礼儀正しく賢明な奴隷」と出会った。後に、これが、「江戸を実質首都とする大坂の商人デンベイ」であることを知る。まさにロシア人が出会った最初の日本人。ピョートル1世時代のことであった。

第2は、「探検」を通しての出会いだ。ロシアは、大航海時代の世界の流れに乗って、大胆に航海へ乗り出す。その一人ベーリングは、ベーリング海峡周辺の探検後、女帝アンナ・ヨアノブナに対し、1730年、アメリカ海岸やロシア隣国への航路の探索建白書を提出。1739年、建白書に基づく日本探検隊が派遣され、1隊が仙台近辺、もう1隊が磐木辺りに到着。かくして、北の海からやってきたロシアの航海者達は、長年探し求めたあこがれの日本に辿りついたのだ。磐木周辺で出会ったロシア人は日本人に歓待された。その返礼として、ウオッカをもって饗応したところ、呑み助が多かったとみえ、ロシア人たちは「日本人達も酒は嫌いではないことが分かった」と書き残している。

第3は、「混住」という興味ある両者の出会い。1635年頃以降、松前藩はサハリンを検分したり、地図を作ったり、国後島に漁場を開くため、藩士を派遣した。一方、ロシア。1799年、アラスカ、米北西海岸、アリューシャン列島、千島列島の毛皮獣や資源獲得権、先住民支配権、武力の保有権や海軍士官の雇用権を認める「露米会社」を設立。1853年4月11日、ロシア政府は露米会社に対し、突然、サハリン南部の占領を命じた。カムチャツカより、100人の兵士と2人の士官を派遣するので、年内に2〜3の地点を占領し、大砲を備え、保塁を築け。しかし、サハリン南部に居住する日本漁民に不安を与えるなという条件付。当時、クシュンコタン（後の大泊）には、春漁準備のため、300人ほどのアイヌが滞在していたが、ロシア隊の到着で四散。ロシア隊は、日本の越冬番人とアイヌに、「これまで同様に、日本人とアイヌの関係は維持する」旨を伝え、その地を占拠。さらにロシア国旗を掲げ、要塞を構築。1854年春、松前藩の軍勢が到着し始めたことによって、日露間の緊張が高まったが、クリミア戦争の影響もあり、ロシア軍は占拠をストップし、同年5月18日に退去。しかし、1857年6月、ロシア兵が再びサハリン島に戻り、1869年の樺太仮規則により両国の共有地となった。

こうして、日ロの交流がスタートした。ここに至るロシアの領土に対する執念の凄まじさに驚きを禁じ得ない。非常に体系的・有機的・継続的であった。第1に、為政者が時代の流れをきちんと摑み、大探検時代に積極的に乗り出している。第2に、そうした為政者の意を体し、官吏や兵隊はもちろん、外国人傭兵隊長やコザックまでもが、様々な制約の中にありながら、領土拡張という目的に向かって整然と動いた。第3に、そうして造られた極寒で不便な砦にもかかわらず、大砲と小数の兵をもって、その後何百年にもわたってそれらを守り続けた。

島を守り続ける。まさに、これがロシア人の凄いところだ。一方で、日本の愛らしさにも救われる思いがする。チェーホフはその著『サハリン島』の中でしっかりと当時の日本人を観察。「ロシア人がどこかの場所に監視所を作ると早速小川の対岸に日本の哨所ができる。しかし、いかに凄みをきかせようとしたところで、日本人はやはり平和な親切な人間であることに変わりなかった。ロシアの兵士達にチョウザメを届けてよこしたり、こちらで網を借りに行けば二つ返事で頼みをきいたりするのである」と。こうして、出会いの初めから、領土という面では、残念ながら、ロシアに分があったように思われる。

注）本稿は東京銀行ＯＢ会「正友会」の会報に寄稿したものを適宜加除修正したものである。

2 ロシア漂着日本人漂流民達にとってのロシアという国

(1) シベリアの大地

シベリアは、約６億年前に形成された。中心に位置するバイカル湖は、２５００万年前に誕生。その広さは、３万１５００㎢で、鳥取、島根、山口、広島がすっぽり入る広さ。このシベリアの遺跡として残っているのは30万～50万年前のものに過ぎない。

マンモスについては、５０００万年前にアフリカに出現したフィオミアがその先祖。約３００万～２５０万年前に、欧州へ移動し、ヨーロッパマンモスとなった。一部は、シベリアへ移動してケナガマンモス、その後アメリカに渡ってコロンビアマンモスとして、足跡を残している。

シベリア*は広過ぎて、寒過ぎて、寂し過ぎる。「人が居住している地域」での最低気温記録は、シベリアのベルホヤンスクとオイミャコンでマイナス67・8℃。シベリアは、タタール語で、湿地とか、沼沢地の意。その占める地域は、かつてウラルの東からカムチャツカに至る1300万㎢の広さであった。日本の約35倍もある。地球の全国土が約1億3600万㎢だから、この広義のシベリアの地は約10%程度を占める。そこに現在約4000万人が住む。このシベリアの地に、世界の確認埋蔵ベースで、石油が12%、天然ガスが32%、石炭が10%、ウランが8%眠っている。

＊かつては、およそウラル山脈分水嶺以東の北アジア地域。シベリアの名称はシビル汗国に由来する。一般的には極東分水嶺より東の日本海・オホーツク海など沿岸地域は含まないが、広義には含めることもある。現行の行政上のシベリア連邦管区は、ロシア連邦の地域管轄区分である連邦管区のひとつで、東は極東連邦管区、西はウラル連邦管区である。ロシアのアジア部分の中部を管轄し、ノボシビルスク州のノボシビルスクが中心である。人口は2079万2500人でロシア連邦全体の14・2%を占める。シベリア連邦管区の構成主体は、アルタイ共和国、アルタイ地方、ブリヤート共和国、ザバイカリエ地方、イルクーツク州、ハカス共和国、ケメロボ州、クラスノヤルスク地方、ノボシビルスク州、オムスク州、トムスク州、トゥバ共和国の12の地方・州・共和国である。

一方、人類の遺跡。紀元前3000〜紀元前2000年頃、バイカル湖の南にある、アルタイ山脈の麓に、青銅器文化を花咲かせたミヌシンスク遺跡が発見されている。中国経由でない、高度の金属文化がこの辺境の地に開花したことが驚きであるが、その後、シベリアは、世界史のうえで、主役を演ずるような動きを見せることはなかった。

シベリアの地には、ツングース諸語系のエベンキ、エベン、ナーナイ、オロチ、チュルク諸語系のタタール、ヤクート、トゥバ、ハカス、アルタイ、フィン・ウゴル系のハンティ、マンシ、サモエード諸語系のネネツ、エネツ、セリクープ、旧アジア諸語のチュクチ、コリャーク、ニブフ、イテリメン、エスキモー、チュバンといった諸族が入り乱れて居住し、戦いを繰り広げた。紀元6~8世紀、アルタイ地方はチュルク族（突厥）が、また極東地方ではツングース系のマッカツの渤海国が君臨した。

12世紀初めには、女真が金王朝を建設したが、13世紀、モンゴル軍に屈服した。東シベリアの南部はチャガタイ汗国に、アルタイを含むシベリアは、キプチャック汗国の傘下に入った。15世紀には、キプチャック汗国の後に、シビル汗国が形成された。

既述のとおり、シベリア征服の第一歩は、北東ロシアの開拓者ストロガノフによって踏み出された。１５７６年、ストロガノフの命を受けて、エルマークを頭目とするコサック部隊がシベリア汗国を攻め、１５８１年、首都イスケル（シビリ）を占領するに至った。しかし、

1585年、イルトゥイシ川で、シビル汗国の残党の襲撃に遭ったエルマークは溺死してしまった。

その後、ロシアのシベリア進出は、往時の活発さを失っていたが、ロシア帝国の基礎が安定するや、その動きを活発化し始めた。その動きについて、日本人漂流民との関係を通して、年代順にみてみると次のとおりになる。

⑵ 江戸時代に始まった日本漂流民のシベリア漂着

そのシベリアが遠くて近い国「日本とロシアの遭遇の舞台」となって歴史に登場するようになったのが江戸時代のことだ。

シベリアはシビル汗国として、チンギス汗の長男ジョチの第5子シバンの一族に遡る。1440年代にジョチ・ウルスが分裂して、チンギ・トゥラ（現在のチュメニ付近）を根拠地としたケレイト部族が同地に政権を樹立したことにはじまる。チュメニやトボリスクなど、今日の西シベリアの多くの都市。これらは、シビル汗国の時代に、カシリクを首都とし、オビ川・イルトゥイシ川とその支流流域の支配拠点として、西シベリアに建設されたものだ。

16世紀後半になると、東方への拡大を目指すロシアと衝突し、ロシアの攻撃に抗しえず、シビル汗国は1598年に滅亡した。それ以降も、日本との関係は希薄であったが、日本への関心が高まる出来事があった。オランダに滞在中であったピョートル（在位：1682−1725年）が、アムステルダム市長から、日本についての話を聞き、日本の地図を貰ったことで、日本への関心度合いが増大したことだ。

1697年から1699年にかけてカムチャツカの探検を行ったコサックの隊長アトラソフは、そこで捕虜として暮らしていた日本人に出会った。その日本人は、2年間、アトラソフ達と生活を共にしている間に、どうにかロシア語で会話が出来るようになった。1701年、アトラソフは、この日本人を連れて、モスクワに戻り、1702年1月初め、シベリア庁に出頭して、報告を行った。これが、ロシアの公式記録に出て来る最初の日本人であり、名前を「伝兵衛」といった。彼は、大坂の人で、「1695年、他の11艘の船とともに、米、酒、木綿、陶器等を積んで、大坂から江戸に向かったが、途中で、船が難破し、6カ月も漂流したあげく、カムチャツカの南部に漂着した」のであった。

当時日本は鎖国時代。大型船の建造は御法度。だからせいぜい千石船（150トン程度）に年貢米や木綿等を積んで、日本のまわりを回航する程度の船。しかし、回航の途中で台風や暴風雨に遭うと万事休す。暴風雨と荒れ狂う大波に翻弄されるまま。風と潮の流れに任せるしかない。こうした場合、流れ着くところは決まってカムチャツカ半島だ。

ピョートルは、伝兵衛の報告を聞くと、直ちに、プレオブラジェンスコエ村に伝兵衛を招き、自らも面談し、日本についての話を耳をそばだてて聞いた。ピョートルは、その日の内に、伝兵衛にロシア語をさらに勉強すること、ロシア語をマスターしたら、何人かの若者に日本語を教えるように命じた。

１７０２年4月、伝兵衛はシベリア庁から、砲兵庁に移され、そこでロシア語の勉強を始めた。１７０５年10月28日、ピョートルは勅令を発し、伝兵衛の指導で、数名のロシア青年が日本語を学ぶことになった。伝兵衛は日本に帰ることを願い出たが、ピョートルはこれを許さず、逆に、洗礼を受けることを命じた。１７１０年、カムチャツカに漂着した「サニマ」と名乗る日本人がヤクーツク経由ペテルブルクに送られて来た。彼は伝兵衛の助手となった。

１７２９年夏、カムチャツカに日本船がまた漂着した。船には27人が乗り組んでいたが、殺されずに残ったのは、「ソーザ」と「ゴンザ」の2人だけ。2人は、モスクワのシベリア庁からペテルブルクに送られ、数年後に、時の女帝アンナ*に拝謁した。2人は、女帝の命令で、洗礼を受け、日本語の教師になった。1736年、ペテルブルクの科学アカデミーに日本語学校が開設されると、2人は、ボグダーノフの指導のもと、数名の若者に日本語を教えた。ゴンザはボグダーノフと協力して、『露日辞典』や日本語会話の本を著した。世界で最初となった辞典は、ゴンザの出身地の薩摩言葉で書かれたものであった。

＊ロマノフ朝第4代のロシア皇帝（在位：1730―1740年）。1730年にピョートル2世が崩御すると、実権を握る最高枢密院の保守派大貴族がピョートル1世の直系を忌避、ピョートル1世の姪にあたる彼女が後継者に選定された。一般貴族の支持を受けて、皇帝による専制政治を5年ぶりに復活させた。イギリス的な立憲君主制・貴族寡頭制への移行派の試みは頓挫した。

1728年、デンマーク生まれの探検家ベーリングが、アジアとアメリカの間の海峡の調査に着手し、これは、後にベーリング海峡と名付けられた。ベーリングは、海軍省に意見書を提出し、北極海や北アメリカの調査と並んで、日本列島に至る海路調査を進言した。「日本との貿易は、ロシアにとって、少なからぬ利益をもたらす」と。女帝アンナは、1732年、提案を承認した。その結果、ベーリングの助手シュパンベルグ大尉に3艘の船を与えて、カムチャツカから千島列島を経て、日本に至る航路の調査を命じた。

1739年5月、ロシア船が宮城県牡鹿郡の岸に近づき、海上で、日本人から、魚、米、煙草、酒、野菜等を分けてもらった。代わりに、日本人達はぶどう酒、衣服、ロシア貨幣等を受け取った。ロシア船のうち一艘は、さらに南下し、千葉県長狭郡天津村から下田沖にまで至った。そこで、村に上陸し、漁師の家で、水をもらったほか、飯や酒を馳走になった。お互い言葉は全く通じなかったようだ。この報に接した幕府は、日本の沿岸防備の必要性を痛感し、日本諸港からの外国船立ち退きに関する指令を出している。

1745年、日本の船が千島列島オンネコタン付近で難破。蝦夷（北海道）から江戸へ、木材等を運ぶ青森県下北の船であった。船長含め7名は間もなく死亡したが、10名が生き残った。彼等は、オホーツクに移送された。ロシア政府の命令で、「頭の良い者5名」がペテルブルクに送られた。これら5名の日本人は、洗礼を受けた後、ペテルブルクに連れて行かれ、日本語学校の教師に任命された。

1753年、ロシア元老院は、太平洋のロシア探検隊のための通訳養成のため、ペテルブルク日本人学校のイルクーツク移転を決めた。5人の日本人は、イルクーツクに移され、日本語学校の教師になった。しかし彼らは、漢字も文法も知らなかった。そのうえ学ぶ側の学生の質も悪く、結局、1816年、「資金の浪費」を理由に、廃止された。

これら日本人教師のひとりに佐之助がいた。その息子はタタリノフといい、日本名を三八《サンパチ》といった。彼は、ここで勉強し、『露日辞典』を作った。また、この日本人学校の最年長の生徒であったトゥゴルーコフは、ラクスマン使節団の通訳となった。

１７８２年12月９日、伊勢の白子浦（三重県鈴鹿市）から江戸に向けて木綿等を積んで、32歳の船頭大黒屋光太夫以下17名が船出した。遠州灘で暴風雨に遭い、漂流。７月20日、アリューシャン列島の西端に近いアムチトカ島に漂着し、ここで４年間、ロシア人と生活をともにした。

１７８７年、生き残った９人は、この島から、ロシアの船でカムチャツカに辿りついた。そこで、スエズ運河を作ったレセップスの叔父に当たるフランスの探検家ジャン・レセップスに遭遇。彼は、北太平洋の探検家ラペルーズの部下として活躍していたが、一足先に、本国に帰る途中、カムチャツカに滞在していた。

彼は帰国早々、１７９０年、『航海日録』を出版した。その中で、光太夫に触れ、「ロシア語を話し、優れた頭脳の持ち主であり、部下に対して、敏捷活発な精神と優しい性質をもって、部下を完全に掌握している」と賞賛した。

1788年、光太夫一行は、ロシアの軍人に付き添われて、カムチャツカからシベリア総督府のあるイルクーツクに移送された。既に、11人が死に、6人のみになっていた。光太夫は、この地で、キリル・ラクスマンというフィンランド生まれの植物学者で科学アカデミーの教授を務めたこともある学者と出会う。彼は、カムチャツカの植物を研究するため、イルクーツクに滞在していた。光太夫達の身の上に深く同情し、直接皇帝に帰国の嘆願をするように勧めた。光太夫の一行は、イルクーツクに2年間、留め置かれた。日本帰還の望みは全くなかった。

光太夫は、サンクトペテルブルクに戻るラクスマンとともに、1791年初め、イルクーツクを出発。ラクスマンは、光太夫をエカチェリーナ2世（在位：1762－1796年）と会見させるため、ツァールスコエ・セローの離宮に連れて行き、ここの管理人の下に留め置き、機会が来るのを待った。

6月28日、会見の日がやって来た。光太夫が見た女帝は、小太りで、両の頬にえくぼがあった。エカチェリーナはこの時すでに62歳。女帝は光太夫の嘆願書を読んだ。漂流中の辛苦、極寒のシベリア生活の苦しみ、死別した仲間の話、それらを聞いていた女帝が思わずつぶやいた。「かわいそうに！」と。

7月の下旬、光太夫は、再びお召しを受けた。そしてついに9月、光太夫は帰国の許可が出たことを知らされた。

1791年10月20日、エカチェリーナに最後のお目通りをした。光太夫は、女帝の手から、金牌と時計と煙草入れを貰った。光太夫のために、ロシアの政府は、2本マストの木帆船エカチェリーナ2世号を用意し、特派使節として、キリル・ラクスマンの次男で、26歳の陸軍中将アダム・ラクスマンを任命した。彼がイルクーツクに辿り着いたのは1792年1月下旬のことであった。こうして、エカチェリーナ2世号に乗って、帰国の途に就いたのは、9月25日のことであった

帰国の船はオホーツク港から出発し、10月21日、根室に着いた。ここで、越冬した。筆頭老中の松平定信は、漂流民を引き取った上で、通商に関しては、何ら言質を与えなかった。日本では、この頃、林子平が『海国兵談』を著し、異国船の入港に対し、警戒を高めている矢先であった。

エカチェリーナ2世号が函館に入ったのは1793年6月8日。ロシア側はラクスマン以下10名、それに光太夫と磯吉が松前に案内され、日本側への引き渡しが行われた。伊勢を出帆し

てから丸11年が経っていた。8月、2人は江戸に上り、9月15日、第11代将軍家斉に召された。光太夫と磯吉は、漂流とはいえ、国禁を犯して異国の地を踏んだとの理由で、生涯、幕府の薬園内で軟禁されることになった。夢にまで見た故郷の白子に帰りたいとの想いはついに叶うことなく、30年余りの飼い殺しの状態で、1828年、78歳の生涯を終えた。

3 幕末から明治初期の日本識者のロシア観

15世紀半ばから17世紀半ば頃までのいわゆる大航海時代。ヨーロッパ人は、アフリカ、アジア、アメリカ大陸への大規模な航海を行い、領土や拠点づくりに奔走した。ロシアもその一角を占めた。一方、日本。戦国時代が終わり、1603年に江戸幕府が開かれた。その国策は鎖国。1639年から1854年まで続いた。日本が眠れる200年の間に世界はめまぐるしく動いた。

アジア、アフリカを次々とその支配下にいれた西欧列強諸国は、やがて、その歩を極東の中国（当時の清国）、朝鮮、日本へと進める。当時の日本にとって最大の脅威となったのが国境を接するロシア。ロシアは、ウラジオストク以南の不凍港獲得願望が根強い。朝鮮半島以南に、不凍港を獲得すれば、1年を通じて艦隊が出動できる。そうなれば、恐らくロシアは武力を背景に日本列島を支配する。こうした脅威の排除には、「来させない、来たら朝鮮半島、南満州から駆逐する」。当時の日本人のロシアへの思いを簡単にみておこう。

⑴　工藤平助のロシア観

工藤平助は１７３４年の生まれで１８０1年1月24日に没している。江戸時代中期の仙台藩江戸詰の藩医で経世論家。『赤蝦夷風説考』の筆者で、若き日の林子平に影響を与えた。

工藤平助の名は、すぐれた医師として、また、その広い視野や高い見識で全国的に知られた。

18世紀後期にはロシア帝国の南下が進み、ロシア軍の捕虜となった経験をもつハンガリーの自称男爵モーリツ・ベニョブスキーが在日オランダ人にあてた書簡のなかで、ロシアには日本侵略の意図があると記したことをきっかけとして北方問題への関心が高まった。

松前藩も、知恵者として知られた平助を頼り、北方事情や蝦夷地での交易の様子、ロシア情勢等についての情報を入手していた。また、長崎の吉雄耕牛やその縁者からは、オランダの文物が送り届けられることも多く、平助はそれを大名や富裕な商人に販売して財をなした。

1781年4月、平助は『赤蝦夷風説考』下巻を、1783年には同上巻を含め完成させた。「赤蝦夷」とは当時のロシアを指す呼称。ロシアの南下を警告し、開港交易と蝦夷地経営を説いた著作であった。外国書を読みこなした当時の力作である。そのほんの一部を書き抜いてみると次のとおり。

赤蝦夷の本国はヲロシヤなり。リュス国という国も同じことなり。城下は、ムスコビヤという故、おしなべてムスコビヤともいふ。カムサスカといふは、赤蝦夷の本名なり。
シベリヤの万民、皆その徳を慕ひて、悉く服従するにいたる。ヲロシヤの国を広めたるは皆この類なり。兵威をもって、暴虐に切り取り、又は、無名の兵は出さぬとかや。

この『赤蝦夷風説考』は、平助が自ら進んで献上したものではなかったが、後に田沼意次の手に渡る。工藤家に出入りするなかに老中田沼の用人がいて、あるときこんな話があった。「わが主君は、老中として、永くのちの世人のためになることをしておきたいという願いがある」と。平助は「蝦夷の国を開発して貢租を取る工面をする。そうすれば、日本を広げたのは田沼様だと言って、崇めるだろう」と答えた。こうした経緯を経て『赤蝦夷風説考』は老中田沼意次の目にとまることになり、調査隊が編成されたという。

巻では、「平助はいずれ幕府の直臣となる。そして蝦夷奉行に抜擢される」。そんな噂が立った。しかし実際は、医師廃業との噂が流布し、患者を失い、経済的に苦境に陥っていたのが事実らしい。

1791年に刊行された林子平の海防論『海国兵談』。これは『赤蝦夷風説考』に多くを依拠して書かれた。平助はその序を書いているが、最初は拒否した。しかし子平の熱意で、承諾したという。

⑵ 吉田松陰のロシア観

武士（長州藩士）、思想家、教育者。山鹿流兵学師範。明治維新の精神的指導者。私塾「松下村塾」で、後の明治維新で重要な働きをする多くの若者を育てた。

1830年8月4日、長州萩城下松本村（現・山口県萩市）で長州藩士の次男として誕生。1834年、叔父で山鹿流兵学師範である吉田大助の養子となる。若くしてその才能が認められた。

アヘン戦争で清が西洋列強に大敗したことを知って山鹿流兵学が時代遅れになったことを痛感。西洋兵学を学ぶために1850年に九州に遊学。次いで、江戸に出て佐久間象山等に師事。

1852年、宮部鼎蔵らと東北旅行を計画し、脱藩。この東北遊学で、水戸や会津を訪ねたり、東北の鉱山の様子等を見学。津軽では津軽海峡を通行するロシア船等の見学を試みた。江戸に帰着後、罪に問われて士籍剥奪・世禄没収の処分を受けた。

1853年、ペリーが浦賀に来航。西洋の先進文明を目にする。その後、外国留学を決意。同郷で足軽の金子重之輔と長崎に寄港していたプチャーチンのロシア軍艦に乗り込もうと機会を窺う。しかしヨーロッパで勃発したクリミア戦争にイギリスが参戦。急遽、同艦は予定を繰り上げて出航。為にロシアへの密航は失敗。松陰は国防の実際をみるため、日本全国を行脚した。

1854年にペリーが日米和親条約締結の為に再度来航。松陰は金子重之輔と二人で、海岸につないであった漁民の小舟を盗んで旗艦ポーハタン号に漕ぎ寄せ、乗船した。しかし、渡航は拒否された。仕方なく、下田奉行所に自首。伝馬町牢屋敷に投獄されたが、嘆願もあって、国許蟄居となった。

1857年に叔父が主宰していた松下村塾を引き継ぐ。この松下村塾において松陰は久坂玄瑞、高杉晋作、伊藤博文、山縣有朋、前原一誠、品川弥二郎などを教育した。なお、松下村塾は一方的に師匠が弟子に教えるものではなく、松陰が弟子と一緒に意見を交わしたり、文学だけでなく登山や水泳なども行うというものだった。
１８５８年、幕府が無勅許で日米修好通商条約を締結したことを知って激怒。幕府が日本の最大の敵であるといった過激な考えを持つに至った。松陰は老中暗殺計画を自ら進んで告白。結果、翌年10月27日、伝馬町牢屋敷にて斬首刑に処された。享年30（満29歳没）。

⑶ 伊藤博文のロシア観

１８４１年10月16日生まれの１９０９年10月26日没。武士、政治家。後に吉田松陰から俊英の俊を与えられ、その後俊輔、さらに春輔と改名した。長州藩の私塾である松下村塾に学び、幕末期の尊王攘夷・倒幕運動に参加。維新後は薩長の藩閥政権内で力を伸ばした。大日本帝国憲法の起草の中心的人物。初代・第5代・第7代・第10代の内閣総理大臣および初代枢密院議長、初代貴族院議長、初代韓国統監を歴任。１９０９年、ハルビンで朝鮮民族主義活動家の安重根に暗殺された。

日清戦争時の内閣総理大臣は伊藤。実に彼は日清戦争開戦には最後まで反対。外相の陸奥宗光は「臆病なほどの平和主義者」と揶揄。ロシアには宥和政策をとり、陸奥宗光・井上馨らとともに日露協商論・満韓交換論を唱え、ロシア帝国との不戦を主張。同時に桂太郎・山縣有朋・小村寿太郎らの日英同盟案に反対。日英同盟の気運が高まる中、首相の桂太郎らに「恐露病」と皮肉られながらも日露協商の可能性を模索し訪露。皇帝ニコライ2世と会見するが、結果として協商への期待は裏切られた。日露開戦が決定すると、金子堅太郎をアメリカに派遣し、大統領セオドア・ルーズベルトに講和の斡旋を依頼。これがポーツマス条約に結びつく。伊藤は、日露開戦にも最後まで反対した。

4 後藤新平にとってのロシアという国

筆者は2007〜2012年の間、欧州復興開発銀行*関連の仕事で、ロシア極東の各地をあちこち飛び歩いた。日本とロシア極東の中小企業間のビジネスに花を咲かせようと、いわば、花咲か爺さんの仕事だ。とても有意義な仕事だと思うのだが、成果はさっぱり。原因は私の能力不足と彼我の取引阻害要因の除去努力の欠如。前者については説明の必要はないが、後者について一寸説明の必要がある。

*1989年の東欧革命で体制が交代した中東欧諸国や独立国家共同体諸国の自由市場経済への移行、さらにはソ連が解体したことに伴うスムーズな体制移行を図るため、非国家機関や企業を財政的に支援することを使命とする日本も拠出している国際開発金融機関。1991年4月1日にロンドンで発足した。

例えばの話だが、花咲か爺さんの話を聞いて、花を咲かせる灰の生い立ちから、爺さんを幸せにするまでの一部始終を瞬時に理解する人々がいる。反面、事情は何も知らないけれど、そんな素晴らしい灰があったら、金はないが、ともかく手に入れて、一儲けしたいと考える人々がいる。この両者を結び付けるのが現代版花咲か爺さんの仕事。これが難しい。両者の間に横たわる質・量・納期問題などに見られるギャップは大きく、お互いの立場に立って理解し、協力してお互いに障害を克服する努力を行うことはなかなか容易ではない。特に、日本の開拓精神の欠如が致命的。素晴らしい人達が身近に住みながら、今もって、両者はとても遠い存在である。

ところで、こうした日露関係の改善に努力された先人がいる。後藤新平翁だ。翁は、ご存知のとおり、1857年6月、現在の岩手県奥州市水沢区に生まれ、藩校を経て、福島の須賀川医学校を卒業、23歳で、愛知県医学校病院長、その後ドイツに留学し、台湾の民政長官、初代満鉄総裁、第2次・第3次桂内閣の逓信相兼鉄道院総裁、寺内内閣の内相次いで外相、東京市長、関東大震災直後の第1次山本内閣の内相兼帝都復興院総裁などを歴任し、1929年4月、72歳で没。

翁が生きた時代は、日本が清に宣戦布告（1894年8月）、ニコライ2世即位（1894

年11月)、三国干渉(1895年4月)、日露戦争勃発(1904年2月)、満鉄設立(1906年6月)、ロシア革命(1917年11月)、シベリア出兵(1918年9月)、第一次世界大戦勃発(1914年7月)、新経済政策(レーニン指導下でとられた経済政策:1921年3月)、スターリン共産党書記長に就任(1922年4月)といった激動期。その中にあって、欧米列強諸国に対峙し、日清・日露の戦争における獲得物や権益をどう守るかが日本にとっての大きな国家的課題。ここにロシアがあり、後藤翁が生きた時代がある。

翁が、実際にロシアと付き合いを始めたのは満鉄初代総裁に就任して以降のこと。何をしたのか。

第1に、ロシアの協力を得て、満鉄を世界の鉄道に仲間入りさせた。すなわち、満鉄を東清鉄道、シベリア鉄道、欧露鉄道といった世界の鉄道幹線へと繋ぐ道を切り開いた。

第2は、日露連絡運輸網の開拓。当時、日本の船は、ウラジオストクと敦賀間の定期路線を運行していただけであったが、露国鉄道とは繋がっていなかった。そこで、翁は日本内地間の旅客および貨物を露国鉄道を使って運搬する道を開拓した。

第3は、翁にとって不本意なことであったが、シベリア出兵を行った。ロシア革命によるシベリアの不穏化への対応が迫られ、かつて昵懇であった旧体制派への好意は断ち切れないといった事情があった。それに翁自身のシベリアへの拓殖願望もあった。結局、寺内内閣の外相として、ロシア共産党勢力に反乱したチェコ軍を救うという口実で、米国の同意のもと出兵を決断した。

第4は、非公式ながら交渉を始め、日ソ国交の道を切り開いたことだ。ロシア革命後、日ソ間に外交的空白が生じていた。翁は、いち早く、ソ連の元外交官で、非公式ながらソ連を代表するアドルフ・ヨッフェを日本に迎え、彼との間に非公式交渉をスタートさせた。シベリア出兵以降、日ソは、事実上交戦状態にあった。しかしこうした翁の努力があって、1925年1月20日、日ソ基本条約が実現。このように、ロシア革命後、ソ連共産党政権との国交交渉などについて考えもしなかった時代から、外国人とは原則会見を好まなかったスターリンと会談し、難航した漁業交渉助力に当たったり、また、ソ連との各方面にわたる関係改善に尽力していた。

さて、ここで、翁のスターリンを相手に展開した壮大なドラマとでもいうべき、「翁のロシア極東植民計画」について述べてみたい。

20世紀前半、アメリカ合衆国やオーストラリアの反日移民法による締め付けが強まっていた。翁は、「日本、ロシアと中国の三国の共同活動だけが、極東大陸の経済利用を可能にして極東の平和を保障する」と考えていた。そのため、日露関係の強化を志向し、両国の共同作業によるシベリアの天然資源開発の必要性を説き、その第一歩として、シベリアか沿海州の未開地の開拓のために日本からの移民構想を打ち上げたのだ。200万人に上る日本人失業者がハンカ湖地域と南ウスリーの地で米作に従事できるように80万ヘクタールの土地を提供してもらいたい。これは、ソ連邦国民にとっても、将来的発展を約束するものであり、具体的に両国民友好関係強化に資する。翁はそう考えていた。

翁は、実際、ソ連政府に対し、次のとおり申し入れた。「日本は、現在多数の失業者を出し、かつ、人口の過剰に苦しめるをもって、ソビエト連邦政府の特許を得て、是等所謂『プロレタリア』を極東露領に移住せしめ、日露両国間の互助協力によりその資源を開発し、生産を増加し、通商貿易振興を図り、彼我両国の経済関係をして倍々緊密ならしめ、もって両国民の福利を増進せんとする」と。

加えて、「ソビエト連邦政府は、日露合弁会社に関し、プロレタリアを株主とする日露両国の共存共栄を基調とし、両国民の完全な理解と協力によりて、極東露領の資源を開発し、共同の利益を享受せんとするにあるをもって、単に殖産事業の経営にとどまらず、進んで、特許地域およびその付近における移住民ならびに一般地方住民のために交通、教育、衛生、保険および産業に関する諸般の施設を整備し、日露両国民の永遠の和親と福利の推進を期す」と続けた。

結果として、ソ連は翁の提案を受け入れなかった。「植民」の言葉自体がコミンテルンが必死で戦ってきた「植民地主義」を連想させ、ソ連としては受け入れ難かったようだ。

後藤翁が生きた時代は、日清戦争に始まり、日露戦争、第一次世界大戦へと続く厳しい帝国主義時代のさなか。だから、翁の業績も、そうした時代や潮流の制約があり、評価には種々異なる意見があり得ると思う。それでも、欧米連合列強を向こうにまわし、ロシア人たちに愛されながら、日本の国益を守り通そうとしたその雄大な政治家の心意気に惹かれるのだ。

翁は何事につけ調査を重視。その上で、困難なことであろうと、それが社会や国のためになるとみたら、信念をもって、その実現に逞しく挑戦する。これこそが、資源を持たぬ日本人が大切に維持発展させていかなければならない資質のひとつであろう。現代版花咲か爺さんの真似事をする身で、「成果がさっぱりだとか何とか」要らぬ御託を並べるのではなく、眼前の困難をものともせず、ありうべき姿を求めて、逞しくビジネスマッチングに全力を尽くす、そのためにもうひと踏ん張りもふた踏ん張りもしなきゃあと反省をあらたにしている。

第Ⅲ章に関わる参考文献

1 榎本守恵・君尹彦共著『北海道の歴史』山川出版社：1969
2 セルゲイ・クズネツォフ著／荒井雅子訳『ロシアに渡った日本人』東洋書店：2004
3 S・ズナメンスキー著／秋月俊幸訳『ロシア人の日本発見』北海道大学図書刊行会：1979
4 ニコライ・ブッセ著／秋月俊幸訳『サハリン島占領日記』平凡社：2003
5 桂川甫周著／宮永孝解説・訳『北槎聞略』雄松堂出版：1988
6 チェーホフ著／原卓也訳「サハリン島」『チェーホフ全集』中央公論社：1980
7 井上靖『おろしや国酔夢譚』文春文庫：2014
8 Wikipediaの各「工藤平助」、「吉田松陰」、「伊藤博文」、「後藤新平」の項
9 工藤平助原著／井上隆明訳『赤蝦夷風説考』教育社：1980
10 梅原徹・海原幸子共著『吉田松陰』ミネルヴァ書房：2006
11 下斗米伸夫編著『日ロ関係歴史と現代』：法政大学出版局：2015
12 ワシーリー・モロジャコフ著／木村汎訳『後藤新平と日露関係史』藤原書店：2009

第Ⅳ章

近時の日露のビジネス交流の現場をみてみよう

1　1998年金融危機直後、邦銀初のロシア現地法人設立奮闘物語

ゴルバチョフが登場し、ペレストロイカ路線が打ち出された。名目的で実体のない「再構築」、「透明性」、「説明責任」といった美辞麗句がロシアで幅を利かせるようになった。これまで外国取引は、外国貿易銀行と輸出入公団が一手に抱える国営事業であった。そこで国際取引のノウハウは全て集中管理されていた。

ともかく民営化が叫ばれた。外国貿易銀行も輸出入公団も解体や再編の波に抗しきれず、それらが専権的に行ってきた外国取引も民営化のもとに素人集団に門戸が開かれた。銀行は商業銀行が雨後の筍の如く増え、公団に代わって大手ロシア国営企業が独自に借入や輸出入取引に手を染め始めた。こうして無秩序は進み、歯止めがかからず、1991年12月、ソ連邦は各国政府・商業銀行に対し、支払い猶予を要請し、間もなくして崩壊した。

1992年に始まった新生ロシアの「経済自由化」への移行は試行錯誤の連続であった。1998年8月には世界を揺り動かしたロシア金融危機が勃発した。新生ロシアの誕生後、新しく生まれたばかりのロシアの銀行という銀行は総崩れとなり、再起不能とまで言われた。そんななかにあって1999年7月、日本の銀行がモスクワで産声をあげた。「100%邦銀資本の銀行をモスクワに設立したい」と宣言し、その夢を実現したのが青森県の大道寺小三郎会長（当時）率いるみちのく銀行、略称「みち銀」である。これはそのみち銀の夢の実現に向けた奮闘の一端である。

ソ連邦時代から新ロシア時代への移行期の初期に、「ロシアの銀行の門戸を外国銀行にも開く」という新銀行政策が打ち出された。これを歓迎し、いちはやく進出を果たしたのが、オーストリア、ドイツ、フランス等欧州勢だ。これらの外銀は1990年代に参入したいわゆる「先行的パイオニア」。ロシア銀行市場の中心的存在となって活躍していた。そうした背景としては、ロシアとの歴史的・文化的繋がりが強く、すでにロシアの19世紀の帝政時代に、市中銀行として営業していた銀行もあったからだ。

はじめに

ロシアの19世紀のスラブ派の詩人チュッチェフが、「ロシアは他国の物差しでは計り難い国だ」とその詩の中で謳っているが、実際自分自身、ロシアの「ミクロのビジネスの世界」に飛びこんでみて、そのことがよく実感できたような気がする。たまたま、私自身が、日本の銀行員として、初めて邦銀100％資本のモスクワ現地法人の銀行を準備し、開設し、黒字達成するという、一大ロマンの実現に参画する幸運に恵まれたのだ。本稿では、出来るだけ具体的に、そうした貴重な体験をお届けしてみたい。

1999年7月7日、モスクワに、邦銀初の100％資本の子銀行、「みちのく銀行ロシア（みち銀ロシア）」が誕生した。その設立に至る大雑把な歩みを概観すると次のとおりだ。

97年2月　ロシア中央銀行より進出歓迎のレターを受領。
　9月　ロシア中央銀行との間で、ロシアへの進出の意向確認書「プロトコール」を締結。
98年5月　突然、ロシア中央銀行が公定歩合50％を150％へと引き上げを断行。
　8月　ロシア金融危機の宣言。
　12月　金融危機の余波が燻る中、ロシア中央銀行より、資本金をルーブルでなくドルで保有して良いとの特例を受理。
99年1月　ロシア中央銀行に外国銀行として登録完了。
　2月　資本金1200万ドルの払い込み。

4月　ロシア中央銀行より、銀行ライセンスを受領。
7月　みち銀ロシアの開業。

こうして、親銀行からのバックアップもあって、開業初年度から、業容は極めて順調に推移した。何故か？　第一に、日本の銀行として、モスクワ一番乗りであった、第二に、幸いにも、ルーブル暴落のなかで、資本金をドルで保有できた、第三は、言うまでもなく、優秀なロシア人スタッフに恵まれたことなどだ。

以下、ロシアで上手く銀行業をやろうと、敢えて1998〜1999年というロシアの経済・金融の混乱期を選んで、大胆にもモスクワに乗り込んだみち銀の意気込みなどにつき、その時代のロシアの国内事情も含めて書き綴ってみた。

1　「資本金は米ドル建てOK」との総裁許可が下りる！

1998年8月17日、ロシア金融危機が勃発、ロシア政府と中央銀行が連名で次の如き措置をとることを宣言。

(1)　ルーブルの切り下げ（従来は1ドル6・2ルーブルの上下15％幅だった変動幅を6〜9・5ルーブルへと拡大）

(2)　１９９８年８月19日から１９９９年12月31日に償還期限が来る短期国債の長期国債への強制乗り換え
(3)　８月17日から90日間の対外債務の支払い停止

これは事実上のデフォルト宣言。８月27日には為替取引を全面的に停止した。その後、９月７日には1ドルが20ルーブル台へと下落した。このような危機直後で、ルーブルの紙屑化を恐れていたときでもあったから、「地銀のみち銀がモスクワに１００％自己資本の子銀行をつくる」と聞いて、行員でさえ、首を傾げたものであった。投資する１２００万ドル相当のルーブルは早晩紙屑になるに違いない。多くの人がそう思った。

しかし、みち銀はやると言った以上、うまくやるしか他に道はない。唯一の手段はルーブル転せずに米ドルを保有し続けることだけ。しかしロシアの銀行であるから、資本金はルーブルでなければならない。ルーブルにしたら紙屑になる。この難問を解決しない限り、ロシア法に基づく外国銀行をモスクワに設立することはできない。

実際、ペレストロイカから市場経済への移行期において、ロシアは「ドル本位制の国である」、などと揶揄された時期があった。その後その是正のための努力が続けられ、ようやくルーブルの信任も高まり、ドルの国内支払いが禁止されるまでになった。それなのに混乱の時期だからという理由で、資本金を米ドルで保有し、必要時にルーブル転をさせて欲しいとは言い出し難い状況があった。

当然のことながら、投資家として、ルーブルの下落はある程度織り込み済みだ。しかしそれは程度問題。目前に迫った暴落リスクをとるとなると容易ではない。実に、モスクワに、銀行を作ろうという話が具体化し始めた頃は、1ドルが5・7ルーブル、それが申請の準備に入るや6・1ルーブル前後と下落基調を強めていた。その後の1998年の金融危機勃発以降の動きを今振り返ってみると、危機直後には7・9ルーブル、それがあれよ、あれよという間に急落し、9月末には16・1ルーブル、そして12月末には20ルーブル。まさに市場の予測のとおり、ルーブルは急落の道を辿った。

みち銀の決断が迫られた。背に腹は変えられず、ロシア中銀の友達に、恐る恐る尋ねてみた。彼は、いとも簡単に、「中銀総裁に嘆願書を書け！」と言う。ものは試し。こちらが失うものは何もない。早速、出状の手配。待つこと数カ月。何と「特例として許可する」旨の総裁の沙汰があったのだ。

2　人間万事塞翁が馬

何とまあ、物分かりの良い中銀だろうということで、感謝・感激。資本金を米ドルでみち銀本店に置く。必要な都度ルーブル転する。これで無用なルーブルの紙屑化を避けることができる。これはその時点では喜ぶべき出来事であった。

しかし人間万事塞翁が馬、中銀のこうした特例措置も、税務署には通じないことが分かった。背景はこうだ。かつて、ロシアに進出した外銀はみち銀と同じ悩みを持ち、ドル建ての資本金を保有していた。時代も変わり、ルーブルも安定。国の沽券にかかわるから、外銀への締めつけを強めた。ルーブル転を促進するため、ドル保有税を賦課するという仕組みがつくられた。そしてほぼ全ての外銀の資本金もルーブルとなった。

そこにみち銀の特例が出て来た。法律が生きているのだから、課税は当然だ。もう少し具体的に言えば、ただドル建ての資本金を保有しているだけで、ルーブルの減価部分が利益と見なされ、その減価部分の38%が税金として納付されなければならないという仕組みだ。ルーブルの減価は政府の責任だが、その責任の希薄度に比例して、税額が増えるという極めて、ロシアの現状にフィットした徴税システムがちゃんと存在していたのだ。さすが、国会議員のなかには、良識派もいて、これは「悪法」だと指弾する人もいたらしいが、そのまま放置され、廃止されずにいたのだ。

3 外銀本店の店舗探しは難しい

さて、銀行にとって、資本金の確保は勿論大切だが、営業をする以上、格好の店舗探しはこれまた重要だ。当たり前のことだが、これはロシア的に難しいということ。なぜ外銀のモスクワ法人の本店店舗を探すことが難しいのか。

簡単にいえば、そんな銀行本店に相応しい物件が少ないということだ。ソ連の時代には、原則、土地や建物は全て国の物。ところが、ペレストロイカのドサクサの中でモスクワ市は建物を市の掌中に収めてしまった。当然、モスクワ市と言えど、お金はなかったから、工夫が必要であった。モスクワ市は、お金持ちの建設業者を上手く使って、例えば、五つの建物を条件通り修復してくれたら、その内のひとつの建物をくれてやる式の取引を行い、すっかり街並みを綺麗にしてしまった。だから、モスクワの建物のほとんどが、市の所有か、市から利用権を貰い受けた第三セクターの持ち物であり、私的所有に属する物件は希少。

こうした状況下で、中銀の店舗探しに関わる厳しいガイドラインが存在する。それは、自己所有の店舗であるか、所有者からの直接借りの店舗であるか、このいずれかでなければならないのだ。自己所有の店舗に魅力はあるが、買うのは相当のリスクだ。未だ開業できるのか、どうかもはっきりしない段階で、かつまた、1ドル6・133ルーブルの時代に、その将来のルーブルの下落が明らかであるときに、自己所有する。これは危険が大きすぎる。

何故、中銀は、外銀の店舗探しに、介入するのか。当時、モスクワには、既に約19行の外銀の子銀行が設立されていた。それらの設立の過程で、トラブルが多発。建物の所有権を持たない、単なる「利用権」しか持っていない者と賃貸借契約を締結した。ところが、支払いが終わった途端に、利用権者は雲隠れ。代わって、所有権者が出てきて、そんな不届き者は知らない、といったトラブルが多発した。だから、かわいそうな外銀保護のための介入が始まったのだ。

4　銀行店舗の中銀仕様を早く知れ

中銀は店舗物件を沢山知っていますよ。だって、ロシアには、倒産した商業銀行が沢山あるんですから。それらは中銀仕様を充足していますよ。安心して、お使い頂けますよ。このように、中銀は、本当に親切に、色々指導してくれたものだ。しかし、倒産銀行の店舗だと聞いたら入る気にはならない。さりとて、私達が良いと思っても、中銀のお眼鏡に適う物件は多くない。

そうこうしているうちに、たまたま、先輩格のあるヨーロッパの銀行が移転したという噂を耳にした。それは渡りに船。そこにそのまま、入れて貰おう、とネゴに入る。先方の承諾を得てよく調べてみると、何とまあ、この建物も又借りで、中銀は〝うん〟と言わない。しかし中銀が何と言おうと、立派なヨーロッパの銀行が使っていた店舗なのだ。熱心に通って、中銀を動かし、最後は、「又借りでも問題なし！」とのご託宣を得た。こうして、結局、中銀にお世話になって、目出度し目出度しとなった。

しかし、店舗が見つかったら、今度はその支払いという問題が出てくる。未だ、開業の目処もたたないのに、設立申請時に店舗が決まっていないと受け付けて貰えないから店舗契約は営業開始時期にかなり先駆けて締結しなければならない。投資家としては、年間数十万ドルもの支払いの節約を少しでもやりたい。それができない。ロシアではこれは通じない。このような騒動に直面してみると、日本人の管理能力、経験、ノウハウ等、モスクワでは、一向に役に立たない。ともかく、ロシア人の仲間に頼むしか他に道なし。こうした突如かつ様々な事件が降り掛かってくるから、これらに上手に立ち向かうため、「ロシアの三種の神器」が不可欠。経理部長、総務部長、法務部長がそれだ。この三種の神器がなければロシアでの経営はない。

5　大げさにいえば銀行経営は「経理部長が全て」

ロシアにおける銀行経営にとって「三種の神器」がなぜ必要なのか説明し出したらきりがないので、ここではそれらの中で特に重要な経理部長だけを取り上げてみたい。店舗探しと同様、経理部長も自分達で勝手に決められない。

①中銀のお墨付きが必要条件

中銀は、毎日のコンタクトを通じ、何処の銀行の誰経理部長は、どんな能力や経験を持ち、外銀で働くだけの資質を兼ね備えているか等、沢山の生きた情報を持っている。そんな事情もあるから、たとえ、社長が気に入った経理部長候補がいても、経理部長を勝手に決めるわけにはいかない。中銀のオーケーがなかったら、採用できない。社長と同等の権力を持ち、銀行実務のすべてに関与し、権力を行使する。進出に際して中銀に提出する「銀行開設申請書」にも、店舗場所と経理部長名がなかったら受理してもらえない。

ロシアに進出しようと考える外銀は、随分早い時期から、店舗場所と経理部長名を決めておく必要がある。このように若干お節介だが、ロシア中銀がしっかりしているからこそ、他業種に比べ、より安泰な銀行業展開が可能なのだ。

②経理部長は女性に限る

開業準備に入って、ロシアの事情もあまり知らずにすぐ、必要に迫られ、男の経理部長を採用した。中銀のお墨付きも貰った。ところがどうもおかしい。やることなすことがちぐはぐ。実際ソ連時代に日本の郵便局に相当する貯金局はあったが、西欧流の銀行はなく、女性の職場であった。男の銀行員は多くなかった。ペレストロイカの時代を経て、ロシアの商業銀行が雨後の筍の如く増え、銀行員も増えた。しかし、にわかづくりの銀行員が多く、スペシャリストとしての銀行員は国営の外国貿易銀行の行員や出身者に限られていた。さすがの中銀でも、コネの関係で、少し劣る経理部長を推薦することもあった。

経理部長というのは、大変な実力者で、給料、権限とも、社長並み、いや、それ以上。ともかく、毎日の如く出される、中銀の通達や指示を間違い無く読破し、その通り、処理しなければならない。実力なき経理部長では務まらない。

大問題が勃発した。「税負担」の問題。ロシアにおいて、銀行業務のスタートは何時なのか。普通なら、開業時と思われるが、ロシアではこれが不明。

(1) 99年1月15日　金融機関として、ロシア中銀への登録日
(2) 同年2月15日　資本金1200万ドルの振り込み日

(3)　同年4月7日　新株券の発行登録日
(4)　同年7月7日　開業日

この点に付き、中銀の係官に聞いたところでは、1月15日だという。これは大問題。というのは、ロシアでは、毎月、税金の予納制度を採っているから、銀行業が手付かずなのに、ルーブルの目減り分は利益として、計上させられる。他方、経費は、損金扱いが認められない。これでは、ルーブル減価の38％を利益税として、1月末に、支払わざるを得ない。これは困った。

そこで中銀の口頭での了承を得て男性の経理部長を解雇した。わが総務部長が知り合いである女性の経理部長を推薦してきた。中銀もＯＫ。その新女性経理部長は、十分経緯を調べた上で、4月7日説で対抗できるという。税の対象期間を3カ月短縮できれば、実に、数万ドル相当の節税になる。彼女は、理由を考え、文書を作成し、中銀の説得に乗り出し、見事にこの難局を乗り切ってくれた。まさに、肝っ玉母さん。度胸が据わっている。彼女は、ロシアの小銀行の頭取の経験もある。外銀で経験を積みたいということで、偶々、みち銀モスクワにきた。コネ社会といわれるロシア。中銀はもとより官界にも幅広い人脈を持ち、極めて得がたい人材であった。仕事上、隣の銀行に種々助けてもらう必要もあったが、彼女がうまくやってくれた。

6　近場の銀行を大切にせよ

①近場の銀行が必要な訳

当時唯一の日本の銀行であったから、在モスクワ日本国大使館もお客様になってくれた。ドルの現金が欲しい。給料を袋に入れて持って来て欲しい。ルーブルの現金が今すぐ欲しい。こうした、今の日本国内では忘れ去られた銀行業本来のサービスが主流で、これらが貴重な収益源。しかし、こうした業務をやるにしても、ドルやルーブルのキャッシュが必要だし、それを運搬する手段が必要だ。

そうした業務を行うには、中銀の規程や指導を遵守する必要がある。たとえば、キャッシュの運搬要領。当然に、特殊警護付運搬車でないとだめだ。これは高くかかる。コスト面を考えたら、近場の装備している銀行にお世話になった方が得だ。困ったときの助けは、遠くの大銀行ではなく、近くの小銀行がいい。

こうして隣の小銀行達とお付き合いが始まる。付き合ってみて、たまげたり、びっくりしたことも多かった。本当に何の変哲もない、こぢんまりした小銀行が、その中に入ってみると、小さいながら、名画を飾り、立派な置物や装備、スクリーンを備えている。そして、その時々に、何をしたら儲けるか、また、リスク回避が出来るかなどについて、よく勉強している。

②生き残る銀行像

１９９８年8月17日㈪、まさに、ロシアで金融危機が表面化した日だ。その日は、私にとって、忘れがたい日となっている。何故なら、銀行設立の最後の詰めをしようということで、モスクワに滞在していたからだ。8月14日は金曜日。休暇中のエリツィン大統領（当時）が、早目に切り上げ、クレムリンに戻って、「ルーブルの切り下げはあり得ない」と、テレビで大見得を切った。ところが同17日㈪に切り下げが断行されたのだ。思い返せば同年5月27日、公定歩合を50から１５０％に3倍も引き上げざるを得なかった。この時既に異常事態だったのだ。

政府・中銀の「ルーブルの切り下げ、短期対外債務の90日モラトリアム、国債市場の閉鎖」声明が出され、金融危機が表面化。これまで、銀行中の銀行ともてはやされていたのが、インコムバンク、メナテップ、ＳＢＳアグロ、ロシースキークレジット等といった錚々たる大銀行。それらが、倒産の危機に直面。誕生後7〜8年で、ロシアの産業界のリーダーにまで上り詰めた大銀行の多くが、いとも簡単に、挫折し、倒産した。銀行に対する不信もどうにか取り戻しつつあった矢先、「またかのまさかのおぞましき事態」が起こった。

ロシアの銀行は絶滅してしまうのか。まさにそんな悲観的見方が圧倒的。実際、金融危機後数カ月の間、金融システムはワークせず、金融が回らない、送金が出来ない、といった状態が続いた。しかし時は偉大だ。間もなくして、回復の兆しが見え始め、1999年になると、落ち着きを見せ始めた。

1年経って目まぐるしい状況の変化が生じた。ロシアの銀行も様々な学習や体験をし、銀行本来の仕事にも自信をつけて来た。この時点で、今後のロシアの銀行界を展望してみると、ロシアの銀行界を引っ張っていくのは、次の3グループだろう。

第1は、ロシア政府やモスクワ市等の御用達銀行として、政商的な行き方を追求する銀行
第2は、政府や政治と無関係に、実態経済にしっかり営業基盤を置いて、着実な銀行経営に邁進する中小銀行
第3は、外国銀行の子銀行や出資銀行

さて、ロシアで生き残るかどうかは、銀行自身の努力だけで出来るものではない。いわずもがな、中銀との付き合いが重要である。絶大な権限・裁量権の下で、これに逆らうことなくうまくやっていく必要がある。何はともあれ、中銀人脈を大切にし、これを上手く使っていく銀行が強くなる。

7　ロシア中央銀行には絶対服従せよ

①親切なアジアの先輩進出外銀

アジアから、二つの銀行が、みち銀に先行してモスクワに進出していた。お互いアジア同士ということもあって、本当に親切にいろいろ教えてくれた。先輩銀行として、彼らは実に誠実に、貴重な経験を披露してくれた。たとえば、こんな話。

「給料を１００％米ドル現金で払う外銀がいるが、これは止めた方がよい。一例だが、『会社が３万ドルの給料を払ったら、現下の税制では、会社負担が、総額で、約２倍、従って、約６万ドルにも上る。これを避けるため、10万ドルの枠を作って、年率30％を付利してやる。これで３万ドルの給料とする。10万ドルの調達コストは６％程度かかるが、この方式が密かに通用している』。これは一種の脱税であり、中銀も目を光らせている。絶対に、手を出すな！」と。

確かに、その後、間もなくして、ある外銀が査察を受け、この点についての摘発をされ、結局、重加算税など含め、３００万ドルの追徴金を払わされたとのこと。アジアの友人達の忠告は、一口で言えば、「ロシアにおいて一番安上がりの方法は、結局中銀の言うことを忠実に聞くこと。決して、中銀の意に背くな！」ということだった。

②絶対服従が安全な訳

アジアの友人達の助言は、まさに、その経験に基づくものであったから、非常に役に立った。たとえば、「経理部員を解雇する。経理部員が密告をする。当局の査察が入る。隠しようの無い事実が指摘される。罰金の裁定が下りる、といったお決まりのコースがある。だから、常に、中銀の指導に忠実たれ！ 高いと思われる税金でも、それが結局一番安いのだ。そのことを肝に銘じて、銀行業をやるべし」。当たり前のことだが、現地で体験した先輩達の忠告は大いに役立った。

8 信頼の出来るセキュリティー会社を探せ

①何をするためのセキュリティー会社か

ロシアで仕事をする以上、絶対に必要なものがある。それは、セキュリティー会社。では、セキュリティー会社は一体何をしてくれるのか。

(1) 日本からのＶＩＰの空港送迎と先導車付き護衛
(2) "クルイシャ"（庇とか屋根の意）企業の保護
(3) 法人・個人の身元調査
(4) 事故・事件が起こったときの対応
(5) 取引先紹介

等々。セキュリティー会社は、実に、警察、用心棒、調査会社、警備、よろず受けたまわりの仕事をしてくれるのだ。ロシアでとくに銀行業をする上でなくてはならない存在だ。

②セキュリティー会社の実態

ロシアのセキュリティー業界は、ほとんどが、内務省や警察の人脈で押さえられている。だから、びっくりすることに、銃を持った、バリバリの現役警官が、24時間勤務で、銀行の門衛として、働いてくれたりする。こういった警官は、銀行の大切なお客様であっても、ロシア人であれば、容赦なく厳しく応対する。あるとき、総務部長を通じ、「店に入って来るのは、大切なお客様だ。入り口で、誰何するのは如何なものか。ロシア人であっても〝にっこり笑って〟お通ししたらどうか」。

総務部長がからからと笑って、「それはやめて欲しい！　警官が、にっこり笑いかける？　とんでもない。それは駄目だ！　彼らは、現役の警官ですぞ！」と言った。

③ロシアでは、「議論は議論」と心得よ

日本人は相手の人格を傷つける議論になり勝ちだ。みち銀モスクワの法務部長はモスクワ大学法科卒業の有能なユダヤ人の女性弁護士。法律の解釈については、超自信家で、「こう規定

されている」といって絶対に引き下がらない。社長にオベッカなんて不必要だと思い込んでいる。こういう人と議論が始まると、とても厄介。

「社長はこの俺だ。お前は、わが社の法務部長だ。だから社長の俺の言うことを聞け！　それに銀行のことについては俺の方が上だ。まず俺の言うことを聞け！　何だ！　その態度は！　俺がまじめに説教しているのに、何でお前は大口開けてあくびをするんだ！」

日本人の頭の隅には、多かれ少なかれ、こうした考えがある。だから、議論転じて、人格問題を惹起してしまうことが多い。わが法務部長は議論は議論と割り切っている。そして自分の職務であれば、ここぞとばかり「自分の優秀性」を売り込む機会と心得る。30分経っても譲らない。これはとっても新鮮な体験であった。

この打開策は、簡単。「有難う。あなたの主張は十分理解した。しかし、ビジネスの世界では、そういう訳にいかないのだ。社長が責任をとるから、あなたは優秀な行員として、出来るだけ問題が起こらないように工夫してやって欲しい」、と答えてやる。それで、一件落着となる。

④ロシア人の方がよほど論理的

このように、ロシア人は、議論は議論と弁える。それに比べると、日本人は、どうも議論と喧嘩をごっちゃにして、すぐ俺を舐めているのかとか、長幼の序を心得ていないとか、いろいろ複雑。やはり、法務部長に見習って、「議論も仕事。議論しないのは仕事の放棄」と割り切って、議論を喜んでするように努めないと、ロシアで日本人はやっていけないというべきであろう。

9　ロシア人は信じるな。されど、俺は別

①ロシアの友の忠告

私の長年のロシア人の友人がいる。1985年頃からの家族ぐるみの付き合い。現在、ドイツの中銀子銀行の会長として活躍中で、未だ50歳代。大変なロシアのエリートで、今後、必ず、中銀で活躍する人物。彼が、モスクワに帰って来たとき、夕飯を共にした。彼が言った。「菅野、一緒に、ガスプロムに融資をしないか。絶対に、迷惑を掛けない。100万ドルでも良いし、200万ドルでも構わない。年率8%程度と低いが、資本金運用としては、悪くないだろう」。まさに、貸す相手が、ガスプロムであれば、金利が少々低くてもこれは魅力ある話だ。

実際のところ、資本金の運用を海外でやったとしても、当時、年率7%で回すことは容易

ではなかったから、この話は、実に有り難い誘いだった。しかし、私は反撃した。「たった今、お前は、ロシアは信用ならぬ、政府も中銀もだ、と言ったばかりではないか」と。彼は憐れむ目つきをして、こう言った。「菅野、お前は、ロシアを未だ分かっていないな。今、ロシアでは、政府も、中銀も信用ならぬ、それは本当だ。しかし、ロシアでは、友人だと、お互いに認め合ったら、その友人を裏切りはしない」

10 日本人社長は独断専行するなかれ

①ロシア人は「社長の指示待ち」症候群

日本からモスクワに着任する。ロシア語堪能と自任する赴任者が、張り切ってロシア人に指図する。ロシア人は「ハイハイ」と素直に返事をする。変だな！　と思ってロシア人総務部長に訊いてみる。するとこういう答えが返ってきた。「ロシア人は、上から、こうしろああしろと指示されたら、『あなたの指示通りにした』と言えるから、ハイハイと二つ返事で受ける。責任は上役にあると考えるから」と。

この論理で言えば、本店から赴任した官僚型人間の指図をハイハイとロシア人はよく聞く。これで喜んでいたら問題だ。ロシア人に「やれ」と指示したら、ロシア人は「リスクは上役持ち」であることを確認して、「ハイハイと返事をする」傾向が強い。命令者が責任をとるんだから返事くらいせめてハイハイというわけだ。できない上司とみたら、ロシア人は冷たい。

②ロシアでは社長が偉い

ロシアでは、社長が絶対君主。ロシア人を見ていて、面白い現象がある。社長には、絶対服従だが、横の命令や連絡が非常に悪い。モスクワにいて、何が面白いかというと、社長が絶対の権力を持ち、それを疑い無く受け入れてくれる国だ。一度モスクワで社長をやったら、やめられない。ともかく、居心地が宜しい。しかし、命の保障はない。

たとえば、貸付で揉めたら、これは面倒。ロシアでは、貸付で揉め事が起こったら、担保も預金の適状相殺も意味を成さない。裁判所で、借入人が、「明日からの生活苦」を訴えれば、何にも手出しはできない。下手に、借金を取り立てたりしたら、命の保障はない。西側諸国では、債権放棄の条件が明示されている。これを犯して、債権放棄をしたら、本店から叱られる。そこは上手く頃合をみて逃げる。できるだけ本部が納得するように、行動する手腕が必要だ。

11　税務署や警察等と仲良くせよ

①税務署は憧れの仕事場

税務署の仕事はある意味ではっきりしている。取れるところから、出来るだけ多くの税金を取りたてること。だから、これに、どう上手く対応するか、これが、経理部長の大仕事。こうした交渉の呼吸というものは、日本人には、分かりにくい。こうした点を、日本的管理手法で、いくら頑張っても、益無し。ここは、最悪のケースを想定し、その範囲であれば、ロシア人の仲間に任す、といった度量が不可欠となる。ロシア人にとって、税務署勤めは憧れの職業だ。

②警察も友達

未だ、セキュリティー会社が未定の時のこと。警察官の飛び込みがあった。最初、単なる警察の見回りかと思った。ところが、実際は、査察で、労働許可証を持っていない労働者を雇っていないかどうかの「不法労働者狩り」だった。実際、設立準備で、猫の手も借りたい状況だったから、アルバイトとして、日本人女性に働いて貰っていた。

警察官から、厳かに宣告があった。「不法労働者を雇用している社長の罪は重く、⑴銀行免許剥奪、⑵召喚、⑶社長の日本への帰国命令、⑷罰金のいずれかに相当する」と。そして「可及的速やかに、署まで出頭し、異議等あれば申し出ること」、というものであった。さあ大変。総務部長の腕のみせどころだ。

「日本を代表して、銀行設立という大仕事をしている。ロシアのためになると思って、必死で働いている。それなのに、あまりにも厳しい取締りである。誠に困惑している。事情が事情ゆえ、ロシアの寛容なるご処置を頂きたい」といったことを噛んで言い含め、総務部長を警察に送り出す。結局、この騒動は、総務部長の働きもあって、ごく少額の罰金を払うことで、一件落着となった。

12　円・ルーブル決済のシステム構築を狙え

①日露間の円決済動向

少し、商売の話。日露貿易をみると、推計で、魚の代金だけで、優に100億円程度の規模の円決済が行われている。その円が、ロシアの極東で使われながら、モスクワ経由で、日本に持ち込まれている。非常に不合理であり、コスト高。

極東で、円の運搬、それを可能にする保険とセキュリティーをどう確保するか。将来の魚資源の確保やエネルギー確保のインフラ整備にもう少し配慮しても良いのではなかろうかと思う。

②誰が円・ルーブル決済のヘゲモニーを握るか

極東で売った魚の代金を円で受け、これをズベルバンクのネット網を通じ、モスクワに回金して、モスクワから、日本や欧州に持ち出すという誠に不都合なことをしている。日本のメガバンクは、一般に儲けの少ないビジネスを育てるということには関心が高くない。しかし地方銀行は、生き延びるために、メガバンクが興味を示さないこうした分野で、営業の可能性を探っていくべきだと思う。それなりの力のある銀行が、円・ルーブル決済方式を編み出し、日ロ貿易拡大に貢献することを是非考えるべきだと思う。

おわりに

ロシアの銀行業は、他産業比恵まれた環境下にあり、中銀がしっかりコントロールしている。それに、外銀という仲間もしっかりしている。加えて、インフラにも相対的に恵まれている。しかし、ロシアで銀行業を展開するに当たって、留意すべき点がある。それは、「西側諸国で言う〝管理〟が未成熟」であるということ。その点を念頭に置いた経営マインドが不可欠だ。たとえば、次のような事例だ。

シェレメチェボ空港では、一人ひとりの事務員や官吏は一生懸命に働いている。しかし、長蛇の列が出来ようと、マネジメントは、無関心。誰も助けに出てこない。これがロシアの管理の現状である。

銀行がお金を貸そうと思い、会社を訪ねる。社長は良い人だし、会社もまあまあと思われる。

しかし、数字がない。数字は社長の頭の中にあるが、それを公表しない。公表したら最後、税務署に食い殺されてしまう。だから、必要な数字は、あるが提出できない。お金の自然な流れを阻害する国の管理が現に存在する。

エリツィンとその家族に対する不逮捕特権。ロシアにおける管理のあり方を知る上で、極めて顕著な事例。管理とは、責任と義務が伴うが、ロシアでは、権利と特権だけが主張され、責任や義務にメスが入らない。

こうした管理未成熟社会にあって、銀行業をどう上手くやるか。西側諸国のように、「人材と先進的な金融商品があれば！」と言うわけにはいかない。西側諸国で言う「管理」は、ロシアでは、全く意味が違う。そこを間違えて、経営をやったら、大変なことになる。当面は、ロシアの「管理」に合った経営を心がけることが必要であり、そのためには、ロシア人に大いに働いて貰うマネジメントでなければ、とてもやれないし、やってはいけない、と思う。

注）本稿は国際問題研究所『ロシア研究２０００年10月第31号』に「ロシアで銀行業をうまくやる法」と題して書き綴ったものをその後若干加除修正したものである。

2 日ロ中小企業のロシア極東におけるビジネスマッチングの現場

2006年から2012年の7年間、欧州復興開発銀行の「日本駐在ロシア極東リエゾンアドバイザー」の肩書きで、ロシア極東の地を飛び歩いた。日本とロシア極東の中小企業のビジネスマッチング*のお手伝いをするのが仕事。

＊一般的には、展示会・商談会や、Webを活用したマッチングシステムなどを通じて、取引開始、販路開拓、資金調達面での諸要請を実現したり、また新たな顧客を獲得したい取引先に、業務提携先、投資家などを紹介したりして、原則取引先の要請等に応えて、ビジネス実現のために行う支援事業をいう。

そうした日ロ間の有益でとても必要な事業に携わってみて、現場の状況につき、思いつくままに、リポート風に書き綴ってみた。

(1) 日本とロシア極東のお互いの思いや期待

①ロシア極東の住民の日本観は次のようだ

1　お説教はいらないから、中国や韓国同様、取引を迅速にやって欲しい。

2　ロシア極東の日本に対する期待は大きいのに、日本の貢献は少ない。

3　自由経済圏のリーダー国というのであれば、ロシア極東に対しできることも多い筈だが、とりたてていうべきものがない。
4　中国・韓国と違った日本らしい貢献を期待するが何もない。
5　中小の先行投資・開発輸入面での日本の貢献がほとんどない。
6　金融・物流インフラ面での日本の貢献もほとんどない。
7　ロシアの国際経済参入の師としての日本の貢献が少な過ぎる。

②日本大衆のロシア極東観は次のようだ

1　面積は617万㎢と広い（ロシア全体の3分の1、日本の約17倍）。
2　ロシアの社会的総生産高に占める割合は5％未満程度。
3　ロシアの東北アジアへの窓口。天然・鉱物資源が豊富。
4　厳しい気象条件、地域の約90％がツンドラ地帯。
5　人口は1992年初めで806万人。2015年初めで621万人。
6　原料採掘型産業中心。
7　輸送費・賃金が高コスト、労働力が不足、インフラ面が未成熟。
8　関税障壁、金融未発達、官僚機能未成熟。
9　北方4島を管轄するサハリン州が存在する。
10　日本にとって、経済規模が小さ過ぎて面白みのない地域。

11　緊急時、最後の避難先となり得る近くて安全な地域。
12　日本の気象、海流、大気等に間接的ながら保全面で貢献。
13　北方4島の管轄地域であり、本問題の解決次第で、日本の国益を増大させる可能性を与えてくれる大切な地域。
14　日本の中古車事例のように、後背地への日本の供給基地としての役割を果たすことができる地域。
15　市場経済国家としての成熟度の進展、WTOへの加盟などの時代の流れに沿って、ロシアの国際経済への参入はもちろん、その貢献の度合いも高まることが必定と想定されるから、身近な即ネットオンとなる貴重な将来性豊かな地域。
16　席巻できそうでできないマーケットであるが、資本と技術を有機的に駆使し、日本の必要とする物資を生産し、開発輸入する可能性と潜在力をもつ地域。

(2) どうやって日本とロシア極東の経済関係を強化するのか

1　まず必要な金融をつけることだ。そしてそれを有効に使って、日本が得意とし、新成長戦略産業と位置づける「新エネルギーを駆使した環境・健康・インフラ・食・住」といった5分野を核とした日本勢によるビジネスを同地域で展開するのがよいと思う。
2　両者のアイデアを取り纏め、「日本とロシア極東のビジネス戦略」を明確にし、その実現のために、思い切った「ＯＤＡ型金融を考慮したロシア極東ビジネスファンド」を創設し、その具体化のための「ビジネスモデル」を策定し、その可能性を追求していくべきだと思う。

3

日本とロシア極東の情報交換、実地需要のピック・アップ、必要な人事交流を常に行うため、かつての「EBRD TAM/BAS PROGRAMME」*をモデルにして、「ロシア極東リエゾンアドバイザー機関」を日本のビジネス界のために設立する。その大体の骨子は次のとおりである。

＊ＴＡＭはどちらかというと高度な技術的・ノウハウの移転・供与サービスを行う。Turn Around Management の略。ＢＡＳは小企業に対する身近で、そく役立つノウハウの提供・供与サービスをいう。Business Advisory Service の略語。

(i) 活動範囲

i　ロシア極東の地を定期的に訪問
ii　セミナー、プレゼンテーション、会議等の企画・実行
iii　貿易・投資の実現（ビジネスマッチング）
iv　Banking Cooperation
v　ロシア極東における日本の存在のＰＲ

(ii) 活動の評価

実現事業をその取引成立額（キャッシュベース）で積算し、その多寡で評価する体制を築き上げる。

(iii) 具体例

i 日本の商社機能も持つ物流会社とウラジオのスーパー・家電販売・輸送会社を擁するHolding Companyをドッキングし、日本の小売りビジネスをロシア極東で展開

ii ロシア人を迎え「日本のおもてなし」ツアー催行

iii 日本でのスキー・健診ツアーの催行

iv 日本のリース会社のロシア極東進出を実現

v 日本の建機会社のロシア極東進出を実現

vi 少額リースファイナンスの実現

vii 訪日ロシア人の企業案内・実習希望の受け入れ

viii 日本人技術者をロシア極東に派遣する資金援助

ix 草の根的ながら有益と思われる各種支援策の実行

(iv) 特記事項

日本政府が拠出していた「EBRD TAM/BAS PROGRAMME」が、日本政府の「仕訳」の結果「無駄」との判定で、２０１２年12月末をもって終了した。結果を精査しない

での「無駄判定」は拙速過ぎた。再度善悪を精査し、よいところを増進する「新EBRD TAM/BAS PROGRAMME」復活を期待したい。

⑶ ロシア極東でみられる日本勢ビジネスの特徴

特徴1：ロシア極東は日本海沿岸諸県にとって身近な新興経済圏であり、これを自県の経済発展のために取り込んでいくよう努力をするのはごく当たり前のこと。しかし、知事の政治的ゼスチャー等だけが先行し、その実現により、たとえば10年後にはプラスの経済果実として花咲くビジネスを目指すといった戦略が欠けている。

特徴2：プーチン大統領の再登場で、北方4島問題解決の期待が増している。欧米主要国の「ロシアのクリミア併合に対する経済制裁」が続く中、細々でも、日本政府の有力な手段であったのが、「ロシア極東の中小企業を育て日本の中小企業に繋ぐTAM/BAS PROGRAMME」であった。しかし民主党政権時代の「第一回仕分けの席で、『廃止3名、継続2名、10％減額2名、予算計上しない2名』の僅差ながら、『多数決』で廃止と決定（２００９年11月）」されてしまった。少額の日本の拠出金で、ＥＢＲＤのスタッフや施設を使って、ロシア極東で日本の存在をアピールできた画期的な事業。年間予算は少なくて済み、日本がロシアに対してできる真に役立つ事業。減額してでも２０１３年以降存続・復活させるべきであったが、政策の対ロ戦略がなさ過ぎる。

特徴3：ロシア極東と共生することの意義は大きい。ロシア極東地域は日本海沿岸諸県の対岸にある、身近で豊かな資源と高い教育水準を誇る得難い新たな経済圏の一つであり、将来を見据えたこの地域との文化や経済交流の増進は県民や企業にとって必ずや安全保障上はもちろん、国益の面でも、有益である。こうしたロシア極東に対する理解が欠如している。

特徴4：ロシア極東は広さ617万㎢、人口621万人の天然資源に恵まれ、後背地としてシベリア管区（広さ515万㎢、人口1956万人）があり、その他中国東北地方、カザフスタン等中央アジア諸国、モスクワを含む西部ロシアへの入り口でもある。一方で、ロシア極東の経済規模は小さ過ぎて日本のビジネスパートナーにはなり得ないという学者達の主張がまことしやかにまかり通っている。

特徴5：ロシア極東は、渤海国の時代から日本海沿岸諸県との交流が認められる等の身近な隣国関係にあったが、ソビエト時代の孤立化政策の故に、日本とは近くて遠い国であり続けた。しかし、1992年に市場経済化に移行して以降、新生ロシア政権も国が落ち着きをみせると、「ロシア極東重視政策」を掲げるようになり、天然資源開発や宇宙開発での重点プロジェクトの展開、また、2012年開催のAPEC首脳会議をウラジオストクで開催するなどの配慮がなされるようになっている。日本政府も、「ロシア極東重視政策」を掲げ、3領事館、3ジャパンセンターを設けてその具現化に努めている。加えて、JETRO、ロ東貿、ERINAといったロシアビジネスに関する公的機関もそうした政策の一端を担って活動しているが、主たる業務は「調査・研究」に限られており、民間のビジネスサポートができる人やノウハウの提供が可能な機関とはなっていない。

特徴6：ロシア極東における日本のビジネス面での成功案件といえるものは少なく、サハリン2、中古自動車輸出、テルネイレス（木材）、最近の自動車組み立て、といった程度に留まっている。ロシア極東は日本海沿岸諸県にとって身近な新興経済圏であり、これを自県の経済発展のために取り込んでいくための民間の努力をすることはごく当たり前のことであり、その実現により、数十年後には必ずプラスの経済果実が期待できると考え、先行投資や、交流に力を入れる日本企業がいなくなっている。

特徴7：まさに、そのための各諸県の努力がそれなりに続けられている。しかし、さしたる成果がないばかりか、ここに至りむしろ後退している観すらする事態となっている。その主原因はいろいろ考えられるが、次の点に尽きると考えられる。

(1)県や地方自治体の主導でやるべき仕事と民間がやるべき仕事が区別されず、お互いのなれ合いのなかで、「誰も喜ばない、誰も責任をとらない、非現実的なロシアビジネス論」がまかり通っている。

(2)具体的には、荷物もないのに航路誘致、ビジネスもないのに商談会、ロシアリスクもとらずまた金も出さない銀行の顧客サービス、知事がハッピを纏って一個6000~8000円の西瓜売り、マーケティングもせずにずらりと県の特産品陳列を競っている諸県、相手の状況をなにも知らないでビジネスマッチングと称して引き合わせの場づくりに躍起となっている公的機関や自治体等々が実態である。

特徴8:こうした状況から脱するためには、日本の中小企業がまずロシアを勉強し、事前調査はもちろん、明確なビジネス・コンセプトと営業の基本方針を立て、ロシア側ビジネスパートナーの発掘に最大努力を行い、加えて自社における優秀なロシア要員の装備といった点に配慮する必要がある。

しかし、ロシア要員がいない、ロシア語(英語)を理解する社員もいない、ロシアビジネスはやってみたいが、お金はかけたくない、ロシアビジネスについては儲からないから管理や人事面で余計な金は使いたくない等々のことは無視し得ない事実である。

(4) 以上の事実を受け止めたうえでの解決策はどうなるか

結局のところ、日本とロシア極東の間には、双方がやりたいビジネスが存在し、それをやりたいと思う企業が存在しながら、確たるビジネスに繋がっていないという現実がある。もし、日本がロシア極東の地を将来のビジネスパートナーの地と考え、ここを商圏の一部として育てていきたいと考えるなら、「ロシア極東の経済的現状を考慮した『ＯＤＡ型資金供与方式』を取り入れた『ビジネスファンド』を創設し、その実行のための『ビジネスモデル』を策定し、人・物・金の交流増大の先導役を果たす体制構築を工夫する」という発想がなければ「交流増大には繋がらない」と考えるべきであろう。

③ 親日的地方とのビジネスマッチングの可能性を求めて三千里

チタ市とウランウデ市とその周辺地域訪問記

はじめに

チタ市とウランウデ市を訪ねる機会があった。そこで繰り返された「祝杯のスピーチ」の機会に、世界に誇る日本の短い詩である俳句を説明しながら、「来た、見た、知った（チタ）、ウランウデ！」の中に込められた感激について述べた。ここ両所への旅は、実に私の浅薄なシベリア観を一変させてくれた。訪問のきっかけは単純。私が欧州復興開発銀行TAM/BAS PROGRAMME Japanese Liaison Adviser for Far East Russiaを務めていることから、当時のジャパンセンターハバロフスクの黒坂所長より、「チタとウランウデで『マーケティングとビジネスマッチング』のセミナーをするので、講師として参加してくれないか」との誘いがあり、喜んで乗ったからだ。

２００９年7月13日㈪新潟からハバロフスクに飛んだ。そこで、一週間2回しか飛ばないチタ便を待つ。15日㈬ハバロフスクを午前9時丁度（以下全て現地時間表示）に発つ。昼12時30分、チタ空港に着く。17日㈮と18日㈯の2日を使ってセミナー。土曜日なのに、沢山の受講者が参加。無事に講義を終え、7月20日㈪早朝1時9分、チタ発列車でウランウデに向かう。同日10時17分、目的地に到着。21日㈫と22日㈬の両日、セミナーを行う。ここでも嬉しいほどの熱気のなか、無事にセミナーを終える。

飛行便なら、イルクーツクまで行って、ハバロフスクに戻る方が日程的には便利。そこで、23日㈭午前10時丁度、ウランウデを汽車で発って、イルクーツクに17時31分着。モスクワの都合で飛行便の時間が決められるから、イルクーツク発は早朝1時55分。ハバロフスクに着いたのが朝の7時25分。なお、日本との時差は、ハバロフスクが+2時間、チタが+1時間、ウランウデとイルクーツクが±ゼロ。距離は、ハバロフスク―ブラゴベーシェンスク―スレテンスク―チタ―ウランウデ―イルクーツクの片道で約2500キロメートル。これを7月15日から24日の約10日間で往復したわけだ。

チタとウランウデ行きが決まって、再度チェーホフの『シベリアの旅』と『サハリン島』を読み返す。チェーホフは30歳で、作家としての一大転機を図るべく、1890年4月21日、モスクワを発った。目的地はサハリン。馬車と川下りの難行苦行の末、サハリンに到着したのが7月10日。それから約3カ月間、作家としてサハリンの当時の現実を鋭く観察し続け、10月13日になってサハリンを後にする。帰途日本に立ち寄るつもりであった。しかし、極東でコレラが流行っていたため、実現せず、香港を経由してモスクワに戻った。これが12月7日のことで、出発から約8カ月が経っていた。

その当時のシベリア旅行の厳しさは想像を絶するもので、その一端をチェーホフが書いた「シベリヤの旅・サハリン島」『チェーホフ全集』（神西清・池田健太郎・原卓也訳：中央公論社）から読み取ることができる。特に記憶に残るくだりを列挙すれば次のとおり。

1　「シベリアはどうしてこう寒いのかね？」「神様の思召しでさ」とがたくり馬車の馭者が答える。

2　1年中を通じて道路は通行に適しない。春は泥濘で、夏は小山と穴と修理で、冬は落とし穴で。かってビーゲリ*や、後れてはゴンチャローフ**の息の根を止めたと言われる疾走は、今日では冬、雪の初路でなければ想像し得ぬところだ。

*ビーゲリ：作家で、『回想録』等の著作がある。1787－1856年の生涯。

**ゴンチャローフ：1853年、提督プチャーチンの秘書として、海路日本を訪問。『オブローモフ』の著者。1812－1891年の生涯。

3　エニセイを越えると間もなく、有名なタイガ（密林帯）がはじまる。これに関しては色々と喧伝も記述もされてきた。そのためかえって実際とはほど遠いものとなっていた。最初はどうやら多少の幻滅感さえ抱く。松、落葉松、樅、白樺からなる変哲もない森が、道の両側に間断なく続いている。五抱えとある木は一本もなく、見上げると眼まいのするような喬木もない。

以上の文を読むと、シベリアの変化や無変化の様子がよく理解出来る。大切なことは、シベリアを語るとき、チェーホフが描写した原点を忘れてはならないことだろう。

さて、今回、チタとウランウデの2都市をみただけの話であるが、それでも、現地を訪ね、読んだり、聞いたり、見たりしたことにより、そのシベリア観をあらたにする機会となった。以下に、そうした印象の強く残った事項に関し、誤解や間違いを恐れずに書き連ねてみたい。

1　シベリア管区とシベリア以東ロシア

チタ市とウランウデ市が属するシベリア管区はロシア全体のなかでどんな地位を占めているのであろうか。

シベリア管区は国土514万5000㎢でロシア全体の30%、人口2000万人弱でロシア全体の14%弱、地域総生産でロシア全体の11%弱のシェアを占める。ロシア極東と比較すると国土は若干狭いものの、人口や地域総生産で凌駕している。

なお、本稿では、「シベリア管区」と「極東管区」を合わせた地域を便宜上「シベリア以東ロシア」ということにする。

そのシベリア以東ロシアの基本数字をみると、国土でロシア全体の66％、人口で26％、地域生産で15％を占める存在である（表7）。

②ザバイカル地方とブリヤート共和国

チタ市は従来チタ州の首都として存在してきた。しかし、２００８年3月1日、チタ州とアガ・ブリヤート自治区が合併し、あらたにザバイカル地方として発足することになり、その首都となっている。

このザバイカル地方と、ウランウデを首都とするブリヤート共和国はお互いシベリア管区に属しながら、現政権が進める「極東ザバイカル長期発展プログラム」の対象地域となっている。

ザバイカル地方とブリヤート共和国のシベリア管区に占める両者合計の国土と人口の比率をみると、面積で15・2％、人口で10・8％となっている。

表７

	全ロシア	シベリア管区(a)	極東管区(b)	シベリア以東ロシア(a)+(b)	備考欄
国土（千km²） （構成比％）	17,098.2 （100.0）	5,145.0 （30.1）	6,169.3 （36.1）	11,314.3 （66.2）	広大な土地
人口（百万人） 1996年１月１日 （構成比％） 2008年１月１日 （構成比％）	148.3 （100.0） 142.0 （100.0）	20.9 （14.1） 19.6 （13.8）	7.4 （5.0） 6.5 （4.6）	28.3 （19.1） 26.1 （18.4）	ロシア人口の18％
地域総生産（％）	100.0	10.7	4.4	15.1	ロシア経済の約20％
平均名目月収2007年（Ruble）	13,593.4	12,344.8	16,713.0	－	シベリア管区は低い
１人住面積（m²）	21.5	20.2	20.6	－	全国平均より狭い

出所）「ロシア統計年鑑」2009年

民族面では、ロシア人が多数を占めるが、その他では、モンゴル系ブリヤート人、ウクライナ人、タタール人など数多くの異民族が雑居している。とくに、ブリヤート共和国の民族は多岐に亘っており、したがって、宗教も、ロシア正教、チベット仏教、シャーマニズム等多種に亘っている（表8）。

2　チタ市とウランウデ市およびそれら周辺地域

①チタ市および周辺地域

❶「チタ」という地名の由来

「チタ」という地名の由来について、チタ以外で、ロシア人に聞いても、知っている人には会えなかった。チタに到着してから、現地の通訳に聞いてみると、「チトナ山」と呼ばれる山があり、そこから流れ出ている川がチタ川。そこら周辺に住み着いた人達が「チチンカ」と呼ばれるようになり、地名「チタ」が定着したのだろうとのことであった。

地元の資料によれば、「チタ」については次の記述となっている。

(i)「チタ」という地名がどこから来たのかについての古い記録はない。

(ii) 1650〜1670年頃の文書をみても、「チタ川」、あるいは「チタ」といった地名の記述は見当たらない。

表８

	ザバイカル地方	ブリヤート共和国
面積	43.2万 km^2	35.1万 km^2
人口	113.8万人	97.9万人
首都	チタ（人口：37万人）	ウランウデ（人口：39.3万人）
民族（%）	ロシア人：89.6、ブリヤート人：4.5、ウクライナ人：2.2、タタール人：1.3	ロシア人：60、ブリヤート人：23、その他ウクライナ人、タタール人など60近い民族が居住する
宗教	ロシア正教	ロシア正教、チベット仏教、シャーマニズム
略史	1653年：ザバイカルコサックが越冬地として開拓 1675年：ロシア人の定住が始まる 1699年：チタ要塞が建設される（地名はスロボダ） 1825年：デカブリストの流刑地となる 1851年以降：チタ市となる 1920年：極東共和国の首都（～1922年）	BC３～１世紀：フン族などが居住 1206年：チンギス汗の傘下に入る 17世紀半ば：ロシア帝国に統合される 1666年：ザバイカルコサックが越冬要塞を建設 1923年：ブリヤート・モンゴル自治SSR成立 1991年：ブリヤート共和国成立
産業	モンゴル、中国との国境近くに位置する。特に、1980年以降、満州里との国境交流が活発化。山と森林の国で、金、銅、石炭、モリブデン、ウラニウム等を産出する	ウランウデはウランバートルと鉄道・道路で結ばれた交通の要衝に位置する。軍需産業を中心とした機械工業の占める比重が大きく、石炭、ウラニウム、モリブデン、亜鉛、金、鉄鉱石等に富む
重要	チタ州も、シベリア管区に属しながら、ブリヤート共和国同様、「極東ザバイカル長期発展プログラム」の対象地域に含まれる	ブリヤート共和国も、シベリア管区に属しながら、チタ州同様「極東ザバイカル長期発展プログラム」の対象地域に含まれる

出所）「ロシア統計年鑑」2009年、『データブック　オブ・ザ・ワールド』二宮書店　2010年版

(iii) その後、17〜18世紀の半ば頃、チタの最初の呼称「プロットビッシェ」という表現が出現する。

(iv) さらに下って、1801年に書かれた本のなかに、「チタ・スロボダ」と称される地名が記述されたのが、「チタ」名の最初の文書である。

2 高い教育水準を誇るアガ・ブリヤート自治区

ザバイカル地方の経済開発大臣はアガ・ブリヤート自治区出身の出世頭であるが、アガ・ブリヤート自治区の小学校の参観を手配してくれた。大臣は、ひと昔前のよき日本をよく知り、日本をこよなく愛してくれている有り難い人である。彼は、「アガ・ブリヤート自治区はロシアの中の日本で、その教育の高さはロシア全土で一、二を争う」と誇らしげに語った。確かに、大臣が言ったように、公立の小学校でありながら、学習施設が見事に装備され、先生方にも自信と誇りが溢れていた。

気付いた点を列挙すると次のとおりである。

(i) コンピューター要員の先生が3人常駐。学習教材の視覚化に必要なメインテナンスを集中管理していた。回答する時間がどのくらいかかったか、また、正解率が何%か、不正解率が何%であったかが、瞬時に分かる授業体制が出来ていた。

(ii) 中国語と英語のラボ施設が完備していた。特に、聴覚教育に偏ることなく、いろいろな視覚教育も盛り込んだ教材が揃えられていた。
(iii) 小さな部落の小学校であるところから、村民の運転教習所を兼ねるといった地域一体教育にも取り組んでいる様子が見てとれた。
(iv) 学校間ニュースや新聞が広く活用されており、良い意味での「競争する教育」が実践されていた。
(v) ロシアの中では一番教育水準が高いのがアガ・ブリヤート自治区であるとの自信を職員全体から感じることができた。

3 アガ・ブリヤート人秘話

今回チタ市周辺を快く案内してくれた人が経済開発大臣であった。大臣みずから、名所旧跡の案内役を引き受け、あちこち引率してくれた。特に、アガ・ブリヤート自治区の教育行政については、大臣自身がその経験者であり、「子供たちの教育にかける情熱」について胸を張って語ってくれた。また、車中の会話であったが、次のような秘話も明かしてくれた。

「これまで公然と話すことができなかった秘話がある。第二次世界大戦のさなかのこと。アガ族の優秀性を物語る話として聞いて欲しいのだが、アガ族の出身者が関東軍の『ゲネラル・

リューテナント』に取り立てられていたというのだ。これは古老から聞いた話だが、そのうちのひとりが、今、車で通過しつつある『タグタナイ』の出身で、名前をウルジン・ガルマーエフといった」と。

4 チベット仏教の霊峰アルハナイ山

チタ市から自動車で約5時間かかってチベット仏教の霊峰アルハナイ山の麓に到着した。信仰の山として、多くの市民がここを訪ねていた。

チベット仏教のロシアにおける総本山はウランウデにあるが、チタにも霊峰として多くの信者を集める「アルハナイ山」がある。「アルハナイ」という発音が日本人名「花井」さんを連想させるため、その由来を尋ねたところ次の物語を聞かせてくれた。

バリジン・ハトウーンという王様が、逃げた王妃を追って「アラハオー、ヤー　チェビャー　ウビユー」(「殺してやるうー」)と叫んだ声が、「アルハナイ……アルハナイ……」と訛して、山の名前が「アルハナイ」と名づけられたのだという。

アルハナイ山の渓谷を縫って流れる渓流があるが、私が手を流れに突っ込んで、1分ともたないほどの冷たさである。この水が多くのラドンを含む名水だという。そのため、この冷水を求めて沢山の信者が集まってくる。1日3回定められた時間に、どこからともなく、沢山の人達が手拭いを提げて集まってくる。ある者は頭を、ある者は足を、ある者は腹を、ある者は火燵櫓に仕切られた木枠に摑まって全身をこの名水に浸すといった具合に、ひと様々である。

案内してくれた、かの経済開発大臣も、メタボ症候群の一人だが、同道された奥様や小生の「やめた方がいい」といったアドバイスを無視して、この渓流に5分ぐらい身体全体を浸かってみせてくれた。「見本をみせたから、お前もやってみろ」と勧められたが、沢山のモンゴル人の末裔が見ているなか、わが貧弱な肉体を日本人代表として曝すわけにもいかず、残念ながら、この貴重な体験は実現しなかった。

5 デカブリストが流刑された地

1825年12月14日、ツァーリ専制と農奴制の廃止を掲げた貴族の青年将校による武装蜂起が敢行された。十分な準備もなく、また、事前の情報漏れもあり、新帝ニコライ1世の指揮する軍隊に容易に鎮圧された。579人が裁判にかけられ、首謀者5名が絞首刑、121名がシベリア流刑となった。チタ地域に流刑となったのは、数十人であったが、彼らを追って来た貴族の地位を捨てた妻達の姿もあった。

シベリア流刑は、制度として、モスクワ大公イワン3世（在位：1462―1505年）の時代に始まる。それが本格的に利用されるようになったのは、18世紀になって、シベリアの資源の開発が叫ばれるようになってからだ。植民や強制労働の形で、労働力を供給する必要からも、シベリア流刑が本格化した。しかし、シベリア流刑は、制度として、存在を続け得るものではなく、1996年の新刑法典の制定に先立って、廃止された。

6 極東共和国の首都であったチタ市とウランウデ市

ロシア革命後、いわゆる日本のシベリア出兵によって派遣された日本軍が1918年9月にチタ市を占拠。1920年10月22日には赤軍の傘下に入り、極東共和国に組み入れられた。その後、極東共和国の首都はベルフネウジンスク市（現在のウランウデ市）からチタ市に移された。極東共和国は1922年11月15日にロシアに併合された。そうした負の歴史を共有するが、チタ市の人々のわれらに対する歓迎振りは非常に好意的。日本の中古車の優秀性をしきりに褒めてくれた。

7 日本人シベリア抑留者

第二次世界大戦で日本が無条件降伏した際、満州、北朝鮮、樺太、千島列島に駐留していた日本軍のうち、約60万人の日本将兵がソ連の捕虜となり、シベリアはじめソ連各地に連行された。当時のチタ州やブリヤート共和国は、稀少金属や石炭の探鉱や採掘、鉄道や道路の補修、建物や施設建設に多くの労働者を必要としていたので、比較的多くの日本人抑留者が送り込まれた。そのころのことを説明するチタの観光案内書には「日本人シベリア抑留者」について次のように記述されている。「第二次大戦後の最初の数年の間、チタ市には戦争に敗れた日本関東軍の捕虜たちが沢山住んでいた。彼らは手作業で、多くの住宅や行政府の建物を建造した」と。チタ市やウランウデ市のあちこちに日本人達の墓地があり、気楽に連れて行ってくれた。日本人の勝手な解釈であろうが、こうした好意を目の当たりにすると、彼らは、負の歴史としてみるものの、歴史のひとこまとして、物事を大切にするという気質が強いように思われた。

②ウランウデ市とその周辺

❶「ウランウデ」呼称の由来

ブリヤート共和国の歴史は遠い昔に遡る。この地は、エバンキ人やトウバ人等の居住地でもあった。その後、13世紀になって、武闘を好まないモンゴル族の一派であるブリヤート人が沿バイカルの地に進出。1700年頃になると、コサック達が到来し、モンゴルからの侵略を遮るため要塞が築かれた。二つの川が合流する場所に町が設立され、「ベルフネウジンスク」と命名されたのがウランウデの原点。

17～19世紀において、「ベルフネウジンスク」はロシア帝国の東端の貿易の中心であった。この町を通ってロシアから中国に皮、ラシャ、絨毯、油、魚が、また、中国からは金、銀、真珠、宝石、シルク、木綿、食料品がやってきた。やがて積み荷の主役はお茶となり、「ティーロード」と呼ばれ、その取引高は「シルクロード」に次ぐ規模となった。

「ベルフネウジンスク」から「ウランウデ」と呼称が変わったのはソビエト時代になってからだそうだ。聞くところでは、共産党が愛する「赤」の色を使うことを許されて、「赤いウデ川」と命名。上から押し付けられたこのソビエト的呼称に親しみを覚えず、あまり親近の情をもっていないとのこと。

2 匈奴（フン族）の故郷

バイカル湖の南東の地は、匈奴（フン族）が紀元前3世紀頃から活躍した場所である。その匈奴（フン族）こそは、秦の始皇帝に万里の長城を築かせ、ゲルマン人の大移動を引き起こした遊牧の民。一時、世界を舞台に大帝国を築き上げた恐るべき民族であった。その民族が最初に居住し、フン族としての帝国を築いたのがこの地であったという。このフン族といい、また、モンゴル族といい、世界を制覇するという野望に燃えたこの地方の民族のエネルギーにただただ驚きと敬意を表した。

3 チンギス汗の墓があるらしい「イッフ・ホーリング」

チンギス汗は、モンゴル諸族のなかの正統な貴族であるニルン族のエスゲイ・バアトルとオルフヌト族のホエルンとの間に生まれた。誕生年は、1155年、1161年、1162年説があるが定説はない。また、生まれた場所は、オノン河畔のデリウン・ボルタク山といわれている。その生誕に関わるこれといった定説はない。チンギス汗は、その壮大な人生を歴史に残したが、その死は誠にあっけないものであった。西夏国を攻め、王が和を乞うて来た1227年の夏頃、甘粛省六盤山中で狩猟を楽しんでいた。ところが、運悪く落馬した傷がもとで、同年8月18日この世を去った。

生前、チンギス汗はモンゴル族に縁の深いブルハン山中での狩りを好んだ。そして、鬱蒼と茂る古木の樹陰で憩ったあと、「この地こそわが墓にふさわしい」と語ったといわれる。しかし、一般に、モンゴル人は、墓を地下深く隠すのが常で、チンギス汗やその後継者の墓は発見されていない。そんなことも手伝って、チンギス汗の墓説があちこちにある。ブリヤート共和国のなかに存在する「小ハマールーダバンを後背地とするイッフ・ホーリング」もその有力な候補地のひとつなのである。

なお、ブリヤート共和国で公開されているチンギス汗の肖像画は、極めてハンサムなものであった。

4 ロシアにおけるチベット仏教の総本山

チベットからモンゴルを経てチベット仏教がブリヤートへ伝来した。１７４１年、チベット仏教がロシア帝国許容の宗教と認められたことから、多くのダッツァン（礼拝所）が建てられ、哲学、医学、占星術、建築、絵画、彫刻など学問の中心地として、賑わいをみせ、多くのチベット語、モンゴル語、サンスクリット語による本が刊行された。

ロシアにおけるチベット仏教の総本山は「イボルギンスキー・ダッツァン」と呼ばれる。その威容と美しさにはびっくりする。ここには、世界でも有名な高僧のミイラが安置されている。私どもが日本から来たと告げると、特別な計らいで、このミイラを拝ませてもらうことができた。

5 ロシア正教（新教徒派）

ロシア正教は17世紀半ばに、コサック達によって、ザバイカル地方にもたらされた。最初の教会は、１６４８年、バルグジン要塞に建てられた。１７４１年に、ベルフネウジンスクに最初の石造りの首教座教会が建てられ、現在でも、ウランウデの中心地で美しく輝いている。

6 ロシア正教（旧教徒派）

２００７年７月初旬、ブリヤートでロシア正教旧教徒派の国際大会が「アッバクーマ足跡を訪ねて」と題して開催された。アッバクーマは１６２０年から１６８２年にかけて生存したロシアの作家であり、ロシア正教旧教徒の救済者的司祭長であった。当時、中央では、ロシア正教の新教徒が主流を占め、旧教徒は圧迫されていた。そのため、彼は新天地を求め、「セメイスキー」と名乗る信者グループとなり、辿り着いた先がブリヤートのタルバガイであった。これが１６５３年頃のこと。このタルバガイに、旧教徒の教会や歴史博物館がある。ロシア旧教徒の生活を想像してみることもシベリアを知る上で、有益であった。

7 シャーマニズムの故郷

シャーマニズムは最も古い宗教のひとつ。ブリヤートのシャーマニズムの発祥の地はバイカル湖にぽっかりと浮かぶほんの小さなアリホン島であると考えられている。自然界の力が戦争や災害から自分の身を守ってくれることを願い、「タイルガン」と呼ばれる祈禱を捧げる。

8 レーニン頭部像

ウランウデの市の中心地にあるソビエト広場の修復工事が進んでいた。その広場の一番の目玉が「世界最大のレーニンの頭像」だ。ロシア極東の地にも、「万国の労働者よ、団結せよ！」

と右手を突き出して今でも頑張っているレーニン立像は少なくないが、頭だけのレーニンは少ない。コンクリート造りのように見受けられるが、真鍮造りで重くはないそうだ。そして、その大きさについては、『ギネスブック』にも載っているほどで、過去の歴史を大切にするウランウデ市民の気質を垣間みることができる記念碑となっている。

9 青色ポピー

ウランウデ市から40分程度の景勝地に連れていってもらったときのこと、黄色い花が一面に咲いている。何かと思ってみていたら、芥子の花だという。黄色い芥子の花などあまりみたこともなかったので、感心してみていると、もう少し早い時期だと、「青い芥子」の花が見事だという。

帰りのハバロフスク空港で、小生を「大学の先生」だと誤解した人から声を掛けられた。高校の先生を退職して、今は熊本在住。宮崎の仲間も入れて、こうして、15人の男女グループで世界を巡って歩いている。花の写真を撮るのが目的とのこと。早速チタとウランウデを売り込みしたところ、ぜひ来年の訪問候補地に取り上げてみたいとのこと。私が、直接、著者であるおばさんからもらった本*Baikal*をみせたところ大喜び。関心のある箇所を日本語にしてe-mailすることを約束した。

また、来年のツアーに仕立てる準備のために、私が熊本に講演に行くことも約束した。とくに、青色ポピーの花にはご関心が強かった。

おわりに

観光案内はこれぐらいにして、セミナーで何を言ったのかについて若干なりとも触れておくこととしたい。

勝手な私の夢物語であるが、「日本にとって望ましいシベリア以東ロシアのあり方」はどんなものなのであろうか。それは、「日本の国益を最大限尊重してくれ、日本の資本や技術、ノウハウを使いこなして、もって世界経済への参入を進め、同時に、日本への資源や穀物に最大配慮をしてくれ、日本のネットオンとなる経済圏として貢献し続けてくれるよきパートナー」ということになるだろう。

そんなことは現実にあり得ないが、人間万事塞翁が馬、天変地異があって、日本人がこの地に救いを求めるということも考えられないことではないだろう。長期的にみたシベリア以東ロシアとの付き合いの重要性を訴えたく、セミナーで強調したことは次の点であった。

お互いに協働した方がよいと思われる環境にあるということ。ちなみに、ザバイカルからみた日本の重要性は次のように整理出来る。

(i) 地理的にも至近距離にあり、取引実現の可能性を秘めた大きな市場である
(ii) 資源と技術といった具合に、相互に補完しあえる関係にある
(iii) 国際市場参入に当たり、種々協力を期待出来る市場である
(iv) 先行投資と技術移行に比較的理解がある市場であるロシアの生産業・農業・加工業への関心が高まっているグッドタイミングの時である

逆に、日本からみたザバイカルの重要性は次のとおり整理出来る。

(i) ネットオンとなる市場である
(ii) 資金や技術を提供すれば自立できる市場である
(iii) 中央ロシア、中央アジア、欧州進出へのアンテナ的機能を有する市場である
(iv) 日本の中小企業にとってサイザブルな市場である
(v) 5～10年先に大きく育つことが期待出来る市場である
(vi) 中国一辺倒から多角化を目指すうえで、大きな魅力ある市場である

しかし、現実の経済をみるかぎり、日本との取引は不要と考える人達が多いのもよく理解出

来るが、次のように考えることも大切だと思う。

(ⅰ) 現在、チタやウランウデの人達が「日本との経済関係はあまり必要でない」と考えているることも現実であり、よく理解できる

(ⅱ) しかし、将来必ずチタもウランウデも世界経済に緊密に参入せざるを得ない時が到来する筈である

(ⅲ) 第二次世界大戦後、日本に残ったのは廃墟と人間だけであった。しかし、そこから立ち上がって、世界第2位の経済規模の国を創り上げた。この日本の努力や工夫・技術は必ず皆さんのお役に立つ筈である

(ⅳ) 信頼の醸成、質、量、納期、低価格など極めて厳しい条件を日本人は突きつけるので「やかましい」と考える人達が多いかも知れない。しかし、重要なことは、これを拒絶するのではなく、時間をかけて解決し、挑戦していくこと。すなわち、このことが将来を切り開く鍵だということだ

(ⅴ) 日本との関係を短期的にみるのではなく、ぜひ、長い目でみた付き合いを考えて欲しい

今回のセミナーを通じ、シベリアの皆さんに、ロシア極東の中小企業の皆さんと現在次のような「ビジネスマッチング」の仕事を進めていることを報告したい。シベリア管区は極東に比

べ運輸面で不利となることは免れないが、努力と工夫次第で、それをはねとばすことは必ずできる筈。ジャパンセンターや欧州復興開発銀行のサービスをうまく使って、一緒に仕事をしてみようではないか。

(i) 日本の会計事務所がロシアの「法律・会計・税務」の専門機関との交流を望んでいる。そのパートナーとなるロシアの専門機関を探して欲しい

(ii) 日本の物流会社が日本商品の輸出手配を受け持つ。ロシアの物流会社はそれを受けて、ロシアの小売業へ売り込む。そうしたロシアのパートナーを探して欲しい

(iii) ロシアに日本の銭湯「湯ートピア」施設を持ち込みたい。それを現地で運営管理してくれるロシアのパートナーを探して欲しい

(iv) ロシアの赤字レストランを抜本的に改善したい。種々アドバイスをしてくれる日本人の親切なコンサルタントを探して欲しい

(v) 日本の最新医療機器を使って、ロシア人のための健康診断を引き受ける「観光＋温泉＋スキー＋健康診断」の複合ツアーを企画したので、ロシアで集客してくれるパートナーを探して欲しい

(vi) 極東の大農場から耕作地を借り受けて穀物や野菜の栽培をしてみたい。こうした日本の農業グループの希望を叶えてくれるロシアのパートナーを探して欲しい

(vii) 極東に、「ミスタードーナツ」店形式の店舗網を展開したい。装備やノウハウなどの

指導や教育をしてくれる日本パートナーを探して欲しい

ところで、7月13日(月)にハバロフスクに到着して、ホテルのレストランで一人軽食をとっていた時のこと。私のお客さんでもあるロシア人がやってきてこう言った。「菅野さん、あのM社の社長が行方不明になっています。会社は倒産のようです」と。M社といえば、一時飛ぶ鳥を落とす勢いで、日本からのお客さんも本当にお世話になった会社。ロシア極東で仕事をした人ならほとんどの人が知っている。それが立ち行かなくなったようだ。

「ビジネスマッチングのサポート」を掲げ、公的・私的機関がそれぞれのやり方で積極的に活動している。しかし、その難しさは、こうした事例でも明らかなように、「ただ引き合わせればよい」ものでもなく、また、「ただ、依怙贔屓をして引き倒す」ことでもないということだ。サポートする以上、財政的地盤を確認したうえで、中庸なポジションに立って、両者が本当に満足するビジネスマッチングを両者の判断で行う原則を遵守しながら進める。この重要性を再確認した旅でもあった。

最後に、チタとウランウデ、さらには遠い周辺からわざわざ受講してくれた若手ビジネスマンやレディーの皆さん、その事務局となって専心的に裏方事務を黙々とやってくれた方々、それに何よりもまず、こうした熱気を読み取ってセミナーを開催している黒坂所長を始めとするジャパンセンターの皆さん、ここにあらためて深甚なる謝意を表したい。

とくに、現地で受け入れて下さった方々から頂戴した『ポケット版バイカル旅行ガイド』は、日本では手に入らない「現地刊行」の本であり、この旅行記を書くに当たって、極めて有り難い参考書となった。

注）本稿は各種のメルマガにも投稿したものをその後若干加除修正したものである。

4 ソチ・オリンピック後の日ロビジネスを展望する

ソチ・オリンピック後の日ロビジネスの動きを展望してみたい。

私の2014年初夢。鷹ではなく双頭の鷲の誘いについていくとそこはソチ。何と安倍・プーチン両巨頭が頭を突き合わせ、両肩を組んで、感涙にむせんでいる。理由を聞くと、「オリンピックがつつがなく成功裏に終わり、加えて向こう10年間に実現する日ロの基本政策の合意が次のとおりできた」からだという。

1　速やかに日ロ平和条約を締結し、ロシアは日本に北方二島を返還する。

2　日本は、その持てる人・物・金をロシアに提供し、ビジネス環境の整備、中小企業育成・強化を支援し、もって世界のＧＤＰに占めるロシアのシェアを10％程度に引き上げるための協力をする。

3　日ロ両国は、ロシアと独・仏間の石油・ガス取引の歴史的事実を直視し、日ロもまた最適な経済補完関係に立てる立場にあることを再認識し、自然災害対応を含む経済補完関係を主内容とする「日ロ経済安全保障協定」を締結し、同時にロシアは日本に残りの北方二島を返還する。

両雄の世紀の英断を祝福するように黒海の大きな太陽が水面を照らしながらゆっくりと昇り始めた……という感激の場面で、目が覚めた。

初夢は日本の風習。ロシアにはない。ロシアは演説の国だから、「論理的に説得される必要がある」というのが私の説。だから吉夢であっても、ロシア人を相手にして実現するには、「日本人が信頼関係を醸成し、論理的に説明し、ご利益を納得せしめる」相応の覚悟が必要。信長や家康方式は戴けないから、秀吉方式、すなわち「鳴かぬなら鳴かせてみせよう」的アプローチを採用する。

幸いなことに、第二次安倍内閣発足後、安倍首相は既に5回プーチン大統領と会談。日ロ間に横たわる難しい問題を解決し、二国間の良好な関係樹立を目指す意気込みである。このことはとても望ましいことだ。しかし、安倍首相がいくら「信頼関係が醸成された」、「経済人の大型代表団を引き連れていった」と言ってみたところで、肝心のロシア人には何のご利益も感じられない。

本題に戻って、「ソチ・オリンピック後のロシアビジネスを探る」。この機会、即ち、極めて得難いこの機会に、日ロ間の経済関係の将来にもわたる真のあり方に思いを馳せ、ロシア経済のアキレス腱である「経済環境の整備やエネルギー資源への過度の依存体質からの脱却」のために、日本の経験と現場主義に立って協力する。これが真に求められる日ロビジネスの第一歩であり、問題解決への意義ある第一歩であると私は考えている。

表9　ゴルバチョフ登場から現在に至るロシアの主要出来事の年表

年	概要（数字/は「月」）
1985	3/チェルネンコ死亡で後継書記長ゴルバチョフ。9/ルイシコフ首相誕生。
1986	4/チェルノブイリ原発事故勃発。
1987	2/ペレストロイカが始まる。
1988	5/ソ連軍、アフガニスタンから撤退開始。10/ゴルバチョフ書記長が最高会議幹部会議長を兼務。
1989	12/米ソ首脳マルタ会談。
1990	2/共産党の独裁制を放棄。3/リトアニアが先駆けてソ連から独立宣言。3/ゴルバチョフがソ連大統領に就任。10/ゴルバチョフがノーベル賞受賞。
1991	4/ゴルバチョフ訪日。7/エリツィンがロシア共和国大統領に就任。8/保守派クーデター失敗。8/ソ連共産党解体。10/KGB解体。12/ソ連外国経済銀行デフォルト宣言。12/ソ連邦消滅。12/独立国家共同体（CIS）の創設。ゴルバチョフが辞任し、エリツィン大統領がほぼ継承。
1992	年初より市場経済国家への移行スタート。12/チェルノムイルジン首相誕生。
1993	10/エリツィン大統領が議事堂に籠もった最高会議派を制圧。10/エリツィン大統領が訪日。12/憲法成立。
1994	4/NATO・EUとの友好協力協定締結。10/ルーブル暴落。
1995	5/モスクワで米ロ首脳会談。6/ロシアがウクライナと黒海艦隊分割合意。
1996	7/エリツィン大統領の再選。
1997	3/ヘルシンキで米ロ首脳会談。5/NATOと基本議定書調印。6/デンバーサミットに初参加。
1998	1/デノミ実施（1000分の1）。7/IMFや世銀の金融支援。8/ルーブル急落、財政破綻。9/プリマコフ首相誕生。
1999	5/ステパシン首相誕生。8/プーチン首相誕生。12/チェチェンに侵攻、制圧。
2000	5/プーチン大統領当選。
2001	6/グルジア、米のミサイル構想を支持。
2002	「NATO・ロシア理事会」新設。
2003	6/米ロ首脳会談。9/露・ウ・ベ・カ4国が「統一経済圏」協定。11/グルジア非常事態宣言、大統領辞任。
2004	12/ユシチェンコがウクライナ大統領に当選。
2005	6/政府系メディアが『イズベスチヤ』紙を買収。
2006	11/イギリスで元連邦保安局中佐不審死。
2007	7/米ロ首脳会談（MDの東欧配備問題）。9/イランに原発核燃料供給開始。
2008	5/メドベージェフ大統領当選、プーチン首相誕生。8/南オセチア、アブハジアの独立を承認。
2009	1/ウクライナ経由欧州行き天然ガス輸送一時停止。
2010	2/ウクライナ、ヤヌコビッチ大統領が当選。
2011	9/極東ガスパイプライン開通。
2012	5/プーチン大統領を再任。7/メドベージェフ大統領が国後島訪問。8/WTOに加盟。
2013	2/ウラル地方に隕石落下。
2014	2/ウクライナ、ヤヌコビッチ大統領を解任。3/ロシアがクリミアを編入。6/サミット開かず、露を排除。5/ポロシェンコがウクライナ大統領に当選。
2015	2/野党指導者ネムツォフ元第一副首相が射殺される。11/トルコ軍がロシア軍機を撃墜。
2016	5/ソチで、安倍・プーチン会談。9/ウラジオストクで、安倍・プーチン会談。12/長門市で安倍・プーチン会談。

出所）各年『読売年鑑』、世界史年表、戦後史年表1945～2005年、『早わかり20世紀年表』等

第V章
近時の「ロシア激動」の足跡をレビューしておこう

1 欧米諸国の歓迎を受けたゴルバチョフの登場とペレストロイカ

ペレストロイカは、1980年代後半からソビエト連邦で進められた政治体制の改革運動。ロシア語で「再構築（改革）」を意味する。ソビエト連邦共産党による一党独裁制が60年以上も続き、硬直した経済体制。これを立て直すため、1985年に共産党書記長に就任したミハイル・ゴルバチョフが提唱した。あわせて進められたグラスノスチ（情報公開）とともに、ソビエト連邦の政治を民主的な方向に改良していこうとする試みであった。

1987年のロシア革命70周年記念の軍事パレードで、ロシア語で「民主主義、平和、ペレストロイカ、加速」と大書されたスローガンがメディアを通じて放送された。ロシアで、ペレストロイカが叫ばれた新鮮さもあり、国内外に広く浸透していった。

ゴルバチョフは現行体制の枠内での改革を志向した。しかし物資不足で、高まる国民の不満を背景に、体制そのものの放棄と連邦制の崩壊を余儀なくされた。1917年のロシア十月革命からロシア内戦を経て1922年12月30日に成立したソビエト連邦。第二次世界大戦後にはアメリカ合衆国に伍する超大国として君臨。しかし69年後の1991年12月に崩壊。同日、ソビエト連邦の主たる構成国であったロシア共和国がその継承国となり、現在ロシア連邦を名乗る。かつての他の14のソビエト連邦共和国もまた、それぞれ独立国としての外交政策を採り始めた。

現在のロシア連邦は、ソビエト連邦成立以前のロシア帝国の後継国家として、自国の起源を定義している。プロレタリア独裁については明確に否定しているが、正式な国旗や軍旗などはロシア帝国時代のものを採用している。現在は、自由選挙を行う共和制多党国家である。

ゴルバチョフが共産党独裁政治はこのままでは破滅に向かう道しかないと考え、対策を打とうとしたことは、為政者の責任として、高く賞賛されていいものだろう。しかしその一方で、あまりにも現実を直視せず、目的も達することなく、ロシア民衆を混乱の大波にぶちこんでしまったゴルバチョフのその無責任さは、責められても、抗弁の余地はないであろう。

ソ連の歴代の為政者達も、ゴルバチョフと同じように、共産党政治の限界を理解し、それを口にもださず、手も打たずに黙って死んでいった。ところが、時代や深刻度の違いはあろうが、ゴルバチョフはその理解したことを率直にロシア国民に話し、打開策を一緒に考え、実行しようとした。国民は、ゴルバチョフを理解せずに、働かずに、ベンツを乗り回せる生活の実現を望んだ。「これまでの為政者が悪かったのであって、こんな苦しい、不自由な生活をさせたのはゴルバチョフの責任だ」。世界が、共産党政治の終焉を喜んだのと全く関係なく、ロシア国民は苦しい日々の生活に苦しむことになった。

ゴルバチョフは天才であった。あるいは現実を知らない非天才であったか。さて歴史はどう判定するのであろうか。

② ソ連邦崩壊後の「ロシアの新時代」を考える

1991年12月、ソ連邦が崩壊し、同国を継承してロシア連邦が誕生した。そして、1992年初頭から「経済の自由化」が始まった。当時感じたことを、次の通り書いた。

ロシアは、実にユニークで、興味の尽きない国だ。まさに、こんなに大きくなくてもよかろうにと思うほどに国が大きい。そして、ピョートル大帝、エカチェリーナ2世やレーニンなど、世界史を彩る人物を多く輩出した。加えて、ツァーリズム、共産主義革命やペレストロイカなど、先刻承知の世界史上の出来事も盛り沢山だ。また、芸術面、特に、文学や音楽で、世界的に愛されている作品は山ほどある。

どうしてかくも頻繁に、ロシアは世界史の舞台に登場するのであろうか。国も大きく、人も多いという理由もあろう。また、共産主義体制をこの世に作り上げたことなど、ロシア人というのは、その異質性の中にあって、極めて完成度の高い新しいものを作り上げる能力に長けた非凡な民族であるという理由もあろう。

さて今ロシアは国の変革を目指し、未来の国づくりの意気に燃えている。これまで70年も経験してきた共産主義体制のプラス面を吸収し、その非凡な創造性能力を存分に発揮し、人間と自然に優しい国づくりの実現に向けて前進してくれることを切に祈りたい。

注）本稿は『月刊経団連』（1993年9月号）に掲載したものをその後若干加除修正したものである。

3 ソ連崩壊に伴う「ロシアと14共和国間の貸借清算と新通貨」物語

(1) はじめに

1991年12月8日、ロシア、ウクライナ、ベラルーシ3国のミンスクにおける首脳会談でソ連邦の解体が宣言され、12月21日には、旧ソ連邦構成11カ国による独立国家共同体（CIS）が発足した。

ＣＩＳの経済は、旧ソ連邦時代に構築されたロシア中心の垂直分業型の相互依存関係を特徴としていたこともあって、分離したひとつひとつの国の経済がそのままでは成り立ち難いことは明らかであった。しかし、旧ソ連邦時代の抑圧的政治体制から一歩でも遠くに逃れたいとする国民的感情の高まりやナショナリズムの台頭のなかで、新連邦条約の可能性を十分議論することもなく、新しく誕生した国々は、自国経済を閉鎖化する方向をとりながら、独自の国づくりに励むことになった。そのため、ＣＩＳ加盟国間の調整が十分行われないままに、たとえば、輸出入制限が先行するなどその経済関係は混乱と悪化の道を辿った。

その後も、ルーブルを共通通貨としたＣＩＳ経済は名実共に離散の動きを強めたが、現実にはロシアに大きく依存せざるを得ない事態に直面し、一方で、遠心的分離の動きを示しつつ、他方で、急進的結合の度合いを強めるという展開であった。

実際、これまで、民族抗争に明け暮れてきたタジキスタンの場合、約４０００億ルーブルに上る経済復興資金が必要とみられるなか、その資金の拠出者は、ロシアが１２００億ルーブル、カザフスタンが９５０億ルーブル、ウズベキスタンが５５０億ルーブル、トルコが５０００万米ドルとなっている(1)。本例でみてとれるとおり、実際には、ロシアへの求心力のみで動いているわけでも、また反対にロシアからの遠心力だけで動いているわけでもなく、自国や周辺国

表10　CIS諸国の主要経済指標

（前年比増減率：％）

	1989	1990	1991	1992
国内総生産	3	▲4	▲8	▲20
鉱工業生産高	1.9	▲1.1	▲7.8	▲18.2
消費財生産高	7.7	6.5	▲4.5	▲15
農業生産高	1.5	▲2.6	▲6.9	▲10
基本投資	5	1	▲12	▲45
小売高	8.4	10.5	▲9.6	▲36.7
有料サービス高	7.4	5.2	▲18.5	▲35.9

出所）「1993年第２号付CIS統計委員会CIS統計通報」

の複雑な思惑のなかで再構築が図られていることが分かる。

本稿では、そうしたＣＩＳ経済の概況、その構成国相互間のモノ、カネ両面にわたる取引実績、また、ＣＩＳの独自通貨の導入の動きなどもみたうえで、最後に、ＣＩＳの問題点とその若干の展望を行ってみたい。

⑵　ＣＩＳの経済概況

１９９２年のＣＩＳの経済は、旧ソ連邦の構成国間の経済関係の多くが分断されたこと、また、各構成国が推進する経済政策に大きな混乱がみられたことなどもあって、低迷と減退の状態が続いた（表10）。

鉱工業生産高をみると、前年比18・２％減と大きく落ち込んだ。うち、エネルギー部門で原油の採掘量が前年比14％減と大きく落ち込み、加えて鉄鋼部門の完成鋼材が15％減、鋼管が23％減など主要部門が軒並みの大幅減となった。そのような生産減の影響を受け、機械生産も大きく後退し、また、化学工業部門の合成樹脂、プラスチック、化学繊維などの生産もおしなべて14〜16％の生産減を余儀なくされた。

一方、農業生産高をみると、ＣＩＳ全体で10％減となった。うち穀物とジャガイモの収穫増という明るいニュースがあったものの、畜産部門は、食肉が13％減、ミルクが11％減、卵が12％減など大きな落ち込みをみせた。農産物の主要な販売ルートは、依然として、国の掌中にあり、個人の営農者の数は１９９２年10月１日現在で41万人強と未だ僅少である。

対外面をみると、ＣＩＳ全体の輸出額が４７０億米ドル、輸入額が４６０億米ドルで、全体で９３０億米ドルとなった。これは前年比25％にも上る大幅減であった。結局、貿易収支として10億米ドルの黒字を示顕したが、これは大幅な輸入の減少によるものであり、国政収支上の制約は相変わらずＣＩＳのアキレス腱となっている。

１９９２年はＣＩＳの財政・金融危機が一層深刻化した年であった。たとえば、１９９２年のロシア連邦の財政赤字は１兆９７００億ルーブル、実にそのＧＤＰ比率で14％に相当する規模となった。各国とも財政赤字に悩んでいるが、それを改善するにも政局不透明、一貫した経済政策欠如、既存徴税制度の不足・不備などの問題も手伝って、解決の糸口を見つけるのは簡単ではない。

各国のルーブル通貨の総発行量をみてみると、１９９２年通年で、１兆９６０８億ルーブルとなっており、前年比15・４倍増を記録した。エストニアでは独自通貨が発行され、ウクライナではルーブルと併行して「カルボバネツ」と呼ばれるクーポン通貨が発行された。このようなルーブル離れが進行する混乱のなかにあって、ルーブルの購買力は著しく低下した。１９９２年１月時点でみると、１９９１年12月時点の約３分の１、同じく１９９２年12月時点では10分の１へ下落した。

価格の自由化のもとで、１９９２年１～２月の小売価格は、１９９１年12月比４・１倍と高騰した。その後も小売価格は月平均で13％程度の上昇を続けたが、10月に入ると一層その流れを強め、年末まで月平均23％程度の高い上昇率を続けた。その結果、１９９２年12月の物価上昇率は前年同月比17・８倍、１９９０年12月比43・４倍を記録した。

１９９２年のＣＩＳの国民の貨幣所得は９兆８８６６億ルーブルで、前年比８・３倍増となった。ちなみに１９９２年12月の前年同月比月平均賃金をみると、ロシアが13倍増の１万７７４９

ルーブル、ウズベキスタンが10倍増の6378ルーブル、キルギスタンが6倍増の7288ルーブルなどとなっている。しかし、これを前年比実質所得伸び率ベースでみると、ロシア、キルギスタン、タジキスタン、トルクメニスタン、ベラルーシなどで33〜41%程度の水準へと下落した。

1992年のCISの出生率は、人口千人当たり14・8(1991年は16・0)、死亡率は同じく11・1(1991年は10・6)で、自然増加率は3・7(1991年は5・4)であった。また、1992年12月の就業人口は1億3000万人を数え、失業者数は、1991年末の7万6000人から急増し、80万人に達した。

(3) CIS間の取引

①ロシアとの移出入取引

旧ソ連邦構成国はこれまで相互に緊密な経済関係を享受してきた。たとえば、リトアニアは石油とガスの100%、ラトビアはガスの100%、ベラルーシは石油とガスの100%、ウクライナは石油の86%、ガスの52%をそれぞれロシアからの供給に頼ってきた。この関係は、ソ連邦構成国間との取引という政治的配慮のもと、国際価格比はるかに安い価格で移出されることで成り立っていた。また、ロシアに移入される商品も、国際価格比若干高いか、それに近

表11　主要商品の内外価格差

品目	1 ton当たりの価格		ルーブルの対米ドル比
	国際価格（米ドル）	国内価格（ルーブル）	
石油	123～137	2,820	21.0～22.0
ガソリン	215	7,800	36.3
軽油	175	6,600	37.7
暖房用重油	80	3,500	43.7
天然ガス/千m³	80	2,050	25.6
圧延鋼材	400	1,700	42.5
鋼管	625	28,000	53.0
肉および肉製品	1,616	110,000	68.1
動物油	1,800	180,000	100.0
砂糖	270	52,000	192.5
植物油	495	22,500	45.0
毛織物	5,000	350,000	70.0

出所）『経済と生活』紙　1992年８月第31号付

い価格に設定されていた。そうしたソ連邦構成国内での商品別に見た優遇価格の適用状況を見たものが表11である。

ＣＩＳ諸国間の新しい経済関係は、各共和国間で「二国間協定」を結び、個々の具体的商品について、相互に融通し合うという方式でスタートした。１９９２年をみると、大部分の生産財納入にかかわる政府間協定の遂行率はあまり芳しいものではなかった(2)。たとえば、ロシアは、自動車用ガソリン、原油およびガスコンデンサートや暖房用重油に関し、一部を除くほとんどのＣＩＳ諸国に対し、協定通りの量を供給することができなかった。とくに、アゼルバイジャン、タジキスタン、トルクメニスタンに対しては、協定で約束した納入量の約３分の１しか供給できなかった。

しかし、天然ガスについては、ベラルーシとウクライナに対し、協定量の111%、モルドバとカザフスタンに対し、それぞれ94%、84%を供給するなど比較的順調であった。

他方、ベラルーシは、ロシアから原油とガスコンデンサートを得て、それら加工製品を納入する契約をロシアやウクライナと結んだが、これら加工製品の納入は不十分なものに終わった。

ロシアからCIS諸国向け消費物資の移出入の状況をみると、1992年においては、多くの品目で減少が目立ったが、とくに食糧品や耐久消費財がその例であった(3)。ロシアにおける製品生産高の減少がその主因であった。たとえば、消費物資についてみると、ロシア輸出総額に占める旧ソ連邦構成国向け輸出額の割合は、1991年の90・6%から、1992年の42%へと大きくその比率を下げた。

このように、ロシアの移出先をみると、1991年においてはCIS諸国が全体の95%を占めていたが、1992年には39%へと急落をみせた。これは旧ソ連邦諸国から移入されるべき原材料が不足し、移出できなかったことが大きな阻害要因となった。

②ロシアとの貸借関係

ロシアにとって財政赤字の増大は頭痛の種であるが、その一因がＣＩＳ諸国に対するルーブルの供給と信用供与の増大である。１９９３年1月1日付のロシア中央銀行の貸借対照表をみると、旧ソ連邦構成国に対する信用と現金給与額の総計が2兆３２００億ルーブルと計上されているが、この額は同行総資産の22％を占める大きさとなっている。

同じく１９９３年1月1日付ロシア中央銀行の貸借対照表をみると、旧ソ連邦構成国の国立銀行の決済勘定残高総額は1兆２９２３億ルーブルの赤字に上っている（表12）。その内訳をみると、カザフスタンが３４３７億ルーブル、ウクライナが２９３６億ルーブル、ウズベキスタンが２６３５億ルーブルで、これら3国で全体の約89％を占める。

このような巨額な赤字残高の解消のための努力が続けられた。ロシアは各国との間で１９９３年に供与する信用額の上限を設定し、その範囲での運用を行い、一旦受け取った信用額は国家債務として認めることに加え、ルーブル価値の維持を義務付けている。こうしたロシアによる信用供与は「テクニカルクレジット」と呼ばれるが、「ロシア政府が当該国の国立銀行に許容したクレジット枠内で行われ、ロシア企業の口座に入金される非現金取引をいうが、その資金の付け替えは当該国の会計センターやロシアの中銀に当たる当該国の国立銀行の決済

表12　ロシア中央銀行にある旧ソ連邦構成国国立銀行の決済勘定残高

（単位：10億ルーブル）

国名	1992年末決済勘定残高（=テクニカルクレジット残高）	1993年年初のサービスにかかわる決済状況			
		ロシアの支払い（1月1日〜4月7日）	ロシアの受け取り（同左）	4月7日現在の残高（▲はロシアの貸し）	政府間で合意されている1993年のテクニカルクレジットの上限
ウクライナ	▲293.6	90.3	258.1	▲167.7	250.0（注1）
ベラルーシ	▲75.2	31.7	93.8	▲62.1	150.0（注2）
カザフスタン	▲343.7	51.9	270.8	▲218.9	上限なし
ウズベキスタン	▲263.5	13.2	129.1	▲115.9	180.0（注2）
タジキスタン	▲31.9	19.2	46.0	▲26.8	80.0（注2）
トルクメニスタン	▲116.2	45.1	65.4	▲20.3	20.0（注3）
キルギスタン	▲34.9	2.7	21.4	▲18.9	30.0（注2）
モルドバ	▲22.3	4.5	23.1	▲18.7	19.0（注3）
アルメニア	▲33.3	1.2	4.5	▲3.3	130.0（注2）
アゼルバイジャン	▲32.8	8.5	14.5	▲5.9	6.0
グルジア	▲54.2	0.8	0.2	0.6	0.0
ラトビア	—	4.9	4.4	0.5	0.0
リトアニア	9.1	8.4	11.4	▲3.1	0.0
計	▲1,292.3	282.3	942.7	▲660.4	865.0

出所）『経済と生活』紙　1993年５月第20号付

（注１）1993年６月末までの上限額
（注２）1993年12月末までの上限額
（注３）1993年３月末までの上限額

筆者注）混乱時の各国の数字管理の甘さもあり、縦・横の数字が一致していない。

勘定を通じて行われる」ものである(4)。

ロシアは、1993年3月末現在で、1993年のテクニカルクレジットの総額の上限を約8650億ルーブルと決めている。この数字は、通年の最大限度額を決めたものではない。たとえば、トルクメニスタンやモルドバに対しては3月まで、ウクライナには6月まで、ベラルーシ、ウズベキスタン、タジキスタン、キルギスタン、アルメニアなどに対しては12月までの上限額の合計額となっている。他方、カザフスタンには上限額が設けられていない。またグルジアに対しては、政府間協定が締結されるまで供与されないし、ラトビアやリトアニアに対しては供与されないことになっている。ロシアは、協定に基づき、1993年第1・四半期において実行済みテクニカルクレジット額の残高が、総額の約88％に相当する6604億ルーブルに上っていることを公表している。

前記ロシアとソ連邦構成国家間のテクニカルクレジット供与に関わる「国家債務協定」の締結は、ロシアにとっても、財政引き締めのため不可欠な措置であり、加えてロシアがIMF支援を得るための条件にもなっている。これを機に、これまでロシア政府とロシア中銀の間に存在した経済政策をめぐる食い違いにも歩み寄りがみられ、「国家債務協定」の締結が盛り込まれた今後の経済政策についての「ジョイントステートメント（表13）」が作成され、IMFに送

表13　ロシアの政府と中央銀行のジョイントステートメント

	概要
課題	1．1993年12月末迄に月当たりのインフレ率を10％以下に抑制する。 2．経済の効率化、世界経済への統合の加速化、市場の役割の強化を図る。
通貨・信用政策	1．ロシア中銀の与信総額の伸びは四半期毎に定められた上限内とする。 2．ロシア中銀の再割レートは銀行間取引レートより７ポイント以内の低さとする。 3．政府と中央銀行は企業間債務の相殺融資は今後行わない。
財政政策	1．財政赤字の総額は四半期毎に定める目標値以内に抑制する。 2．エネルギーに対する追加的な課税を検討する。
為替相場と金外貨準備	1．ルーブルの相場維持を目的とした市場介入はしない。 2．金外貨準備高を積み増す努力をする。 3．外貨市場への非居住者のアクセス増大を図る。
貿易政策	1．貿易の自由化に向けた努力を続ける。 2．輸出割当は計画的に段階を追って廃止する。 3．経常収支の黒字維持目的で輸入制限を行わない。
基本的な構造改革	1．着実に民営化プログラムを実施する。 2．市場関係の法的基盤を整備する。 3．土地所有に関する制限を緩和する。
旧ソ連邦諸国との経済協力	1．独自通貨を導入する国を評価し、ルーブルを使用し続ける国とは然るべき協定を締結する。 2．旧ソ連邦諸国に対する信用は国家予算を通じ、国家間債権債務として管理する。
政策の施行とモニタリング	1．必要な情報をIMFに報告する。 2．信用政策委員会の役割を強化する。 3．会計検査の活動の調整に努める。 4．対外借入資金の効率的なルーブル資金化システムを構築する。

出所）『ロシア報知』紙　1993年６月１日付

付されるに至った。

1993年6月4日、当該「国家債務協定」がモルドバとの間で締結された(5)。これがロシアが締結した第1号の協定であった。その条件をみると次の内容となっている。

第1、モルドバの1992〜1993年の債務残高は400億ルーブルで、これを1994年末までに無利子で返済する。

第2、会計上ドル建てで記帳・処理されること。

第3、モルドバは現金で返済することは難しいので、この金額に相当する農産品をもって返済する。

第4、モルドバが約定どおり返済できないときは、ロンドンの銀行間取引出し手レートに年率1・5%の罰金を加算した金利を払う。

第5、モルドバが要請し、ロシアの議会が承認すれば、ロシアはモルドバに対し、500億ルーブルの追加融資をする用意があること。ただし、500億ルーブルの一部は、1991年末にモルドバから独立を宣言したトランスドニエストリア地方のロシア語を話す住民たちのために使用されること。

旧ソ連邦の累積債務問題は、ペレストロイカの激流のなかで、最悪の道を辿った。従来、旧ソ連邦の対外借入窓口はソ連邦対外経済銀行（元ソ連外国貿易銀行、いわゆる外貿銀）のみで、対外債務の管理面で問題はないとみられていた。しかし、その後ペレストロイカが進められるなか、自由化、民主化の美名のもと、大企業や輸出入公団にも対外借入の道が開かれるに至った。こうして西側諸国のペレストロイカ歓迎基調下で、旧ソ連邦の対外債務残高は急増した。しかし、新しく対外債務の当事者になった借入者たちは対外債務のよき管理者たちではなかった。1991年8月、旧ソ連邦における保守派クーデター未遂事件が勃発、政治的混乱も高まり、対外債務の管理も乱雑化し、同年11月頃になると、返済資金が逼迫し始めた。同年12月、ソ連邦はついに貸手である西側諸国の政府・銀行等に対外債務の返済猶予を要請することを余儀なくされた。これに対し、債権国政府はパリクラブを通じ、また民間銀行は、ドイツ銀行を議長とするロンドンクラブを通じ、本問題の解決に当たることになった。

ソ連邦の対外債務の繰り延べ（リスケジューリング＝リスケ）問題の解決に当たり、まず最初に話し合われ、合意に至ったのは、元本の返済を3カ月猶予することであった。しかし、その後の細目にわたる合意は困難を極め、その後も3カ月毎のロールオーバーが繰り返されることになった。最大の問題となったのが、ソ連邦の崩壊により、誰が対外債務の継承者で、その継承の割合をどう算定するかであった。結局、旧ソ連邦構成国の間に、「対外債務継承協定」が成立し、ロシア61・34％、ウクライナ16・37％、ベラルーシ4・13％、カザフスタン

3・86%、ウズベキスタン3・27%、アゼルバイジャン1・64%などと、それぞれの国力にほぼ準じた負担割合が決められた。一方、バルト三国については、エストニア0・62%、ラトビア1・14%、リトアニア1・41%の負担割合が決められたものの、3カ国は、「旧ソ連邦の継承者ではない」との立場をとり、その債務支払いを拒絶した。この急場を凌ぐための対応策が模索され、「債務継承協定」にかわる打開案として、「ロシアが対外債務の支払いの全責任を負う。そのかわり、他の債務継承国は、旧ソ連邦の有した対外債権をすべてロシアが継承することを認める」いわゆる「ゼロオプション方式による解決策」が目指された(6)。しかし、ウクライナは、「まず、ロシアが旧ソ連邦が有した対外債権を明らかにし、それを債務継承国に分与することが先決」と主張し、譲らなかった。

1993年4月25日に予定される国民投票で、エリツィン大統領擁立に向けた国際的大合唱が起こるなか、対外債務問題の早期解決が不可欠となった。パリクラブによるウクライナへの説得工作が続けられた。結局、ウクライナは、対外債務に関わる交渉権はロシアに譲るものの、旧ソ連邦保有の在外公館や黒海商艦隊の一部に対する請求権を留保することで、説得に応じることになった。

ウクライナと合意ができたことから、1993年4月、旧ソ連邦の対外債務に関するパリクラブ会合がロシアと19カ国の債権国との間で開催され、債務繰り延べの条件を定める合意議事録、ならびに法的枠組みにかかわるロシアおよび債権国各国の声明が盛り込まれた議定書が調印されるに至った。これに伴い、1992年末で約353億米ドルに上った公的機関からの中長期借り入れ分につき、本格的な繰り延べ交渉がスタートした。これにあわせ、民間からの中長期借り入れ分約311億米ドルについても、ロンドンクラブを通じ、繰り延べ交渉が着手された(7)。こうして、始まったロシアの債務繰り延べ交渉が最終的にいつまでに、どういった形で決着をみるのか予断することは難しい。その難しさの一つに、1993年10月1日までに、IMFの対ロ支援のための条件をロシアが受け入れるかどうかの問題がある。

(4) 独自通貨の導入

旧ソ連邦諸国は、混迷を深めるロシア経済からの悪影響を遮断し、独立の象徴ともなる独自通貨の導入(表14)の動きを加速化した。旧ソ連邦における共産党による政治クーデター事件が勃発した1991年8月頃、各構成共和国は、自国の物資が他の構成共和国に流出することを防ぎ、それら諸国からの物資の流入を促進するため、必要とあれば政府購入価格の引き上げも図りながら、財政赤字を増大させる措置をとった。1992年初めには、ロシアが旧ソ連邦諸国へのルーブルの供給を抑制し、価格自由化に踏み切ったことから、旧ソ連邦諸国はおしなべてルーブル不足に陥った。これに対し旧ソ連邦諸国は、急場しのぎの必要もあ

表14　旧ソ連邦構成諸国の独自通貨

1993年５月時点での通貨使用状況	国名	独自通貨
ルーブル使用国	ロシア アルメニア カザフスタン タジキスタン トルクメニスタン ウズベキスタン	ルーブル：Ruble レイ：Lei（→ドラム：Dram） ツメン：Tsumen（→テンゲ：Tenge） ソモニ：Somoni トルクメン・マナト：Turkmen Manat スム：Sum
ルーブルとクーポンまたは独自通貨の併用国	アゼルバイジャン ベラルーシ グルジア モルドバ	マナト：Manat ベラルーシルーブル：Belarusian Ruble ラリ：Rali レイ：Lei
クーポンまたは独自通貨使用国	エストニア ラトビア リトアニア ウクライナ キルギスタン	クローン：Kroon（→ユーロ） ラット：Lat（→ユーロ） リタス：Litas グリブナ：Hryvnia ソム：Som

出所）『経済と生活』紙　1993年５月20日付

り、ルーブルに代わる「クーポン券」の発行に走った。ちなみにロシアをのぞく旧ソ連邦諸国に対するルーブルの現金供給比率は、ペレストロイカ以前には１００％であったものが、１９９０〜１９９１年には40％へと減少し、さらに１９９２年１〜３月期には16％へと急落をみせた。

各国のクーポン券や独自通貨の導入・発行の動きを国別に概観してみると次のとおりとなっている。

アゼルバイジャンの場合(8)、１９９２年８月15日に、ルーブルに加え独自通過「マナト：ＭＡＮＡＴ」が発行されることになった。この背景には、アゼルバイジャンが必要とするルーブル現金の10分の１程度しか入手できないといった事情があった。これを契機とし、1993年6月を目指し、独自通貨マナトへの全面移行が宣言された。そのための大統領令も同月に発表される予定であった。しかし、エリチベイ大統領が、「政治的、経済的不安が大きいなか、無理をすべきではない」との判断を行い、マナトへの最終移行は時期不明となっている。

マナト導入の主たる理由は次の3点とされる。

第1、アゼルバイジャンの独立のシンボルとして、国家通貨をもつことが不可避となったこと。

第2、それまでの通貨であったルーブル現金の大幅な不足を埋め合わせる必要に迫られたこと。実に、1992年7月と8月におけるアゼルバイジャンのルーブル現金不足は40億~50億ルーブルに達し、数カ月にわたって給料、年金、奨学金などを受け取れない状態が続いていた。

第3、国内市場が現金不足で動けなくなったことに対する救済措置が不可欠となっていたこと。当初アゼルバイジャンとしては、旧ソ連邦諸国として、他の旧構成諸国同様、ルーブルゾーンの改革に歩調を合わせることを考えていたが、実際にはその改革を待つことは不可能であった。

アゼルバイジャンは、独自通貨マナトの印刷をフランスで行い、１９９２年６月27日にバクーで受け取ったが、その費用は２００万米ドルであったといわれている。

ウクライナの場合⑼、旧ソ連邦構成国住民のウクライナの国営商店での物資購入阻止の措置が講じられた。また、ルーブル不足の対応措置として、１９９０年11月よりルーブルと組み合わせ、１回だけ利用可能なクーポンが発行されることになった。その際、賃金の70％相当額は当該クーポンで支払われることになった。１９９２年１月になるとウクライナも価格の自由化を断行し、同時に反復して利用可能な多目的新クーポン「カルボバネッ：ＫＡＲＢＯＶＡＮＥＴＳ」の導入に踏み切った。新クーポンはフランスで印刷されたが、その発行当初の目論見は、賃金の40％相当部分につき、ルーブルと１対１の比率で支給するというものであった。ウクライナ政府としては、１９９２年２月中にルーブルをすべて新クーポンに切り替え、同年５月中にすべての新クーポンを独自通貨「グリブナ：ＨＲＹＶＮＩＡ」に切り替えることを考えていた。しかし、ウクライナ政局の不透明性や経済不振が重なり、独自通貨グリブナへの一本化の道は困難を極めた。

エストニアの場合⑽、１９９２年６月20日、旧ソ連邦構成国の国々に先駆けて、独自通貨「クローン：ＫＲＯＯＮ」の導入が実施された。エストニアは１９９０年３月頃から価格の自由化に着手していたが、１９９２年年初のロシアの価格自由化によるマイナス影響を強く受け、貿易収支の悪化、ルーブルの現金不足といった事態が生じた。政府は銀行預金の引き出しに制限を加える措置に出た。現金ルーブルは、商業銀行のルーブル預金に対し、50～90％ものプレミアムがつく状態となった。政府は、新通貨クローンへの移行を決め、これまでも経済関係が強かったドイツのマルクとの３％の変動幅を許容する「８クローンが１ドイツマルク」とする相場を定めた。新通貨クローン発行に当たり、第二次世界大戦前に、エストニア政府がイギリスに保有していた金（時価約1億米ドル）と西側諸国通貨、および1億５０００万米ドル相当の森林資源が裏付準備金とされた。なお、それまでエストニアで流通していたルーブル現金額は30億ルーブル程度と推定されたが、国内７００カ所に設けられた交換所で、国民一人当たり１５００ルーブルまでの金額であれば、１ルーブルにつき０・１クローンの割合で交換されることになった。また、１５００ルーブルを上回る金額や、当時居住者登録を有しなかった15万人から提示されるであろうルーブル現金については、１ルーブル当たり０・０２クローンの割合で交換されることが決められた。こうして回収されたルーブル現金は原則ロシア中央銀行に全額返納される立て前であった。

ウズベキスタンの場合(11)、カリモフ大統領が、１９９２年7月8日に、「ウズベキスタンは、すでに独自通貨『スム：ＳＵＭ』を印刷済みである。この秋にも、ルーブルと併用して使用する予定である」と発言していた。しかし、現時点で、この発言は実現していない。

カザフスタンの場合⑿、当初独自通貨「ツメン：ＴＳＵＭＥＮ」導入検討を伝えたが、そのとおりに事は運ばなかった。１９９２年8月4日になると、ルーブルと並んで新通貨「テンゲ：ＴＥＮＧＥ」の併用を発表し、1テンゲは１００ルーブルに相当するものと発表した。しかし、これまた、現時点ではなんら具体化をみせていない。カザフスタンの場合、ロシアとの既述「テクニカルクレジット」で上限無しという特恵を享受していることもあって、他旧ソ連邦構成諸国に比べ、新独自通貨導入を急がなくてもよいといった事情がある。

キルギスタンの場合⒀、アカーエフ大統領は、「経済主権確立のシンボルとして、わが国に独自通貨を導入しなければならない」と主張しながらも、一方で、「わが国は、他のＣＩＳ諸国との関係を強化し、経済を安定させるためにルーブル圏に残る」との発言を行っていた。しかし、１９９３年に入るとキルギスタンの動きに変化が見られた。ＣＩＳ諸国に対する十分な連絡もないなかで、同年5月10日、独自通貨「ソム：ＳＯＭ」の導入が宣言された。国民も「この動きはキルギスタンの安全保障を危うくする恐れがある」との声を上げ、「政府の退陣を要求する」動きが急となった。こうしたなかで、同年5月14日、ルーブルの流通が停止された。同国内には、当時５００億ルーブル程度に上る現金が流通されていたとみられるが、うち

300億ルーブル程度が新通貨ソムに交換された。こうしたキルギスタンの独自通貨ソムをめぐる急な動きの背景には、IMFと世銀が、キルギスタンに対する支援を行うに当たり、同国がルーブル圏から離脱することを条件としていたという事情がある。ちなみに、1993年5月に、IMFと世銀は、金額5000万米ドル、期間10年据え置き30年、金利0・75%、また、金額6000万米ドル、期間3年、金利5〜7%の固定金利のふたつの貸付けを行っている。

グルジアの場合(14)、国内政治の争乱状態が続くなか、同国の経済改革も遅れがちであったが、ルーブルの現金不足に直面し、1992年11月19日、独自通貨「ラリ：RALI」をフランスで印刷し、1993年までに導入の予定であることを発表した。発行紙幣には、国章とグルジア国王夫妻、文化人の肖像が描かれることになっていた。しかし、現時点では実現しておらず、暫定措置として、クーポン券が発行され、ルーブルと併用されている。現状では、独自通貨の導入は時期尚早との判断がされている。

タジキスタンの場合(15)、カナダの印刷会社との間に、独自通貨の印刷契約を結んだことが報じられた。未だ通貨名、発行や流通の時期などについて、正式な発表はない。なお、通貨名については、10世紀まで実在した国名「タジク」の創始者の名前にちなみ、「ソモニ：SOMO

ＮＩ」と名付けられると報じられている。

トルクメニスタンの場合⒃、これまでルーブル圏に残るとの意図を鮮明にしてきた。ところが最近にいたり、独自通貨「マナト：ＭＡＮＡＴ」導入の可能性についての言及を繰り返している。

ベラルーシの場合⒄、ロシアと同様、１９９２年1月に価格の自由化に踏み切っている。ルーブルの現金不足を補うため、賃金の銀行振込を強制化し、５００ルーブル以上の物品の購入には小切手の使用が義務づけられた。同時に、ルーブルと1対1の価値を有し、一度だけ使用可能なクーポンの導入がスタートした。同年11月には、独自通貨「ベラルーシルーブル：ＢＥＬＡＲＵＳＩＡＮ　ＲＵＢＬＥ」を導入したが、これはロシアの造幣工場で印刷されたものであった。ベラルーシは、ウクライナとは違い、ロシアとの協調路線をとりながら、ルーブル圏のなかで生き延びるという道の選択に注力した。

モルドバの場合⒅、１９９２年2月1日より、クーポン発行に動いた。そして同年4月末には、独自通貨「レイ：ＬＥＩ」をルーマニアで印刷済みであった。しかし、その導入に当たっては、バルト諸国やウクライナの後にするとの方針のもと、慎重な対応振りをみせた。しかし、やはりルーブルの現金不足へ緊急な対応を迫られ、同年6月10日に、額面200ルーブル相当のクーポンの発行に踏み切っている。

ラトビアの場合(19)、暫定通貨「ルブリス：RUVLIS」が、1992年7月20日、ルーブル現金に代わって、流通を開始した。その後、独自通貨「ラット：LAT」が1993年3月初めに、ルブリスと併行して流通を開始し、同年6月28日に至って、新通貨ラットへの完全移行が実現した。

リトアニアの場合(20)、ルーブル現金の不足を補うため、価格の下落した従来のクーポンに変え、1992年5月より、賃金の40%と年金の一部につき、200ルーブルと500ルーブルの2種類の新クーポンで支払う措置が講じられた。新クーポンの信認維持のため、同年7月1日より、砂糖、バター、ウオッカなどの指定された商品は新クーポンのみによって購入可能とされた。その後、新通貨「リタス：LITAS」の導入日を1993年6月25日とする旨の発表がなされ、1992年10月にはそれまで発行されていたクーポンの発行が禁止されることになった。

こうした旧ソ連邦諸国の独立の準備が急務とされるなかにあって、各国とも旧ソ連邦の一員として、当然のことながらルーブルを通貨として使用してきた。それが、突然、独立国家となったことにより、ソ連を継承したロシア共和国連邦との間でルーブルの貸し、借りの関係が生じることになった。この関係をどう解決するのかについて、その仕組みの概要をみておきたい。

その第1は、1992年7月1日に発足した「中央銀行国家間決済センター」を使って、CIS加盟国の中央銀行が相互に開設したコルレス勘定の貸借を通じて貸し、借りを決済する方式である。

その第2は、モスクワ外国為替取引所を通じて取引通貨を購入し、それをもって決済する方式である。たとえば、ウクライナの暫定通貨「カルボバネツ」を同取引所を通じて購入し、それをロシアの商業銀行経由で送金すれば、2日程度で受け取り先は受領可能である。

その第3は、1992年12月に、旧ソ連邦主要8銀行がウクライナのドニエプロペトロフスクに設立した「国際清算機構」を通じて決済する方式である。同機構は旧ソ連邦諸国の企業および銀行相互間の決済をコルレス網を経由して行う純然たる民間の決済機構である。同機構の特色は、CIS諸国所在の商業銀行とコルレス契約関係を持ち、顧客からの送金依頼があれば、そのコルレス網を使って、自由に送金の授受ができる仕組みとなっている。

ところで、ロシア中央銀行は、「1992年以前に発行されたルーブル紙幣につき、1993年7月26日以降の使用停止の決定」を突如発表した。ルーブル使用国にとっては大きな衝撃であったが、ロシアにとっても、ルーブルの使用国との間に新しいルールを設けないと、自国の経済が混乱を極めるとの危惧もあった。こうして、グルジア、モルドバ、ウズベキスタンなどの国において、独自通貨導入への動きが加速することになった。

(5) CIS諸国の離散と集合

1991年末にソ連邦が崩壊した後を受け、独立国家共同体（CIS）が発足した。その当初においては、加盟国のいずれもCISの補足・強化に注力するという方向ではなく、独立国家として、むしろ離散するのではなく、是々非々に対応しながら、国家再建に取り組むというスタンスであった。いずれの独立国も、旧ソ連邦の体制下で、完結的な国民経済の運営管理を経験してきたわけではなかったこともあって、独立という美名が先行し、共和国相互間の経済関係は混乱し、むしろ分断が進んだ。それでも、経験してみて、経済の正常化にとっては、旧ソ連邦諸国の相互扶助、経済圏の存在といったものの有り難さに気付き始めているが、そうした事象をいくつか拾ってみると次のとおりである。

１９９２年5月15日、ロシア、カザフスタンなど6カ国は、集団安全保障条約に調印している。また、同年10月9日、ＣＩＳ首脳会議が開催され、10カ国の首脳に加え、ＣＩＳに最初から不参加のグルジア、ＣＩＳ憲章の議会批准を否決したアゼルバイジャンの２国はオブザーバーとして参加し、ＣＩＳの存続の可否、経済法規の統一化の検討、ルーブルをめぐる通貨や金融問題、国境問題、核兵器問題、経済調停委員会創設問題等多岐にわたる問題について議論が行われた。その結果、ＣＩＳの存続が認められたことが会議の大きな成果であった。１９９３年1月22日、ロシア、ベラルーシ、カザフスタンなど7カ国の首脳会談で、ＣＩＳ憲章は調印されるに至った。

現状を見る限り、ＣＩＳ諸国すべてが一丸となって何かに取り組むといったスタンスにはないが、個々の問題毎に、関心を持つ国同士が集まってお互いに協力し合うやり方で、共和国間の調整が行われている。こうした状況をみて、ＣＩＳの存在を過小評価する向きが多いが、経験も浅く、経済的にも独立の難しさを日々感じている独立共和国にとって、こうした身近な仲間が存在する意義は小さくないと思われる。この点につき、近着の１９９３年6月３日付『ロシア報知』紙は「経済統合に動くＣＩＳ」と題し、概略次のとおり報じている。

１９９３年1月のミンスクでのＣＩＳ首脳会議で、ＣＩＳ憲章が採択され、国家間銀行の設立、経済調停委員会の創設などが合意された。5月14日のモスクワでの首脳会議では、CIS執行諸機関の設置、段階を追っての経済同盟設立などの点で合意がみられた。こうしてCISは経済面での統合を目指し、とりわけエネルギー、輸送、通信などの分野で協力を進めて行く方向が確認された。CISがこれまで運命共同体であったこと、また、現在の惨憺たる経済状況を改善するための最も身近な協力者であるCISといった点にも鑑み、かかる動きになったことは喜ばしい。

実際、CISという仕組みがあれば、望ましい経済同盟関係が自然に育つというわけではない。そこには成熟した二国間関係が存在し、その二国間関係が近隣諸国を巻き込む魅力ある多国間関係へと発展するためのリーダー国の存在と、関係諸国におけるインフラ面の整備が不可欠であると思われる。

⑹ おわりに

旧ソ連邦の崩壊後に誕生したいずれの独立国も、新しい国づくりの熱意に燃えて励んでいることは認められるものの、それを実現するために不可欠である指導者、国民、さらにはそれをとりまく国際社会といった諸要因を見ても、大変に困難な立場に置かれているといわざるを得ないと思われる。肝心なことは、独立という天佑を生かした、将来を見通した国づくりを着実に進めるという点に尽きるが、どうしても現実のうえに立った力の政治パワーに引きずられた国づくりにならざるを得ないという現実がある。小国や弱体国が力をあわせ、それを強大国が支援しながら、民主主義国家に育て上げる、といったことは夢物語というのが実際のところであろう。

さて、ＣＩＳの将来をどうみるか。

第1は、ＣＩＳ無用派の声が大きくなり、結局ＣＩＳはその存在意義を失い、消失していく。

第2は、当面必要に応じて結びつきを見せる程度で、将来的にもその程度で多くは望めない存在となる。

第3は、最初は緩い共同体に過ぎないが、ロシアがそれなりの経済力を蓄え、構成独立国が経済力をつければ、将来的にはＥＵに似たＣＩＳ経済共同体の構築も可能であるとみる。

実際のところ、現状でみる限り、前記第1または第2のシナリオが現実的な姿と考えられるが、たとえば、中国等と結びついて、第3のシナリオに転換する可能性も否定できないと考えられる。わが国としても、そうした将来像を展望しながら、ＣＩＳ諸国との関係構築を考えていくことがよいのではないかと考える。

注）日本政治学会編『国際政治』第104号「CISの行方」（1993年10月）に「共通通貨vs独立通貨―CISの経済的求心力と遠心力―」と題して寄稿したものを若干加除修正したものである。

「ソ連崩壊に伴う『ロシアと14共和国間の貸借清算と新通貨』物語」に関わる参考文書等

(1) Finansobaya Izvestiya, 13–19 March, 1993
(2) Ekonomika i Jizuni, No. 31 August, 1992
(3) Finansobaya Izvestiya, 25 May, 1993
(4) Interfax, 9 April, 1993
(5) Interfax, 7 June, 1993 etc.
(6) *Planecon* "Review and Outlook" May, 1993
(7) 「ロシア支援を無効にする資本逃避」（『世界週報』1993年5月4日号）
(8) Interfax, 16 June, 1993 etc.
(9) Izvestiya, 13 May, 1993 etc.
(10) Interfax, 25 June, 1993 etc.
(11) 『ロシア東欧貿易会月報』1992年7月号

⑿ Interfax, 25 June, 1993 etc.
⒀ Izvestiya, 15 May, 1993 etc.
⒁ Interfax, 25 May, 1993 etc.
⒂ Interfax, 23 June, 1993 etc.
⒃ Izvestiya, 4 June, 1993 etc.
⒄ Interfax, 2 June, 1993 etc.
⒅ Interfax, 29 June, 1993 etc.
⒆ Interfax, 25 June, 1993 etc.
⒇ 『日本経済新聞』１９９３年６月25日付

4 欧米社会から「ロシア異質論」が吹き出した背景を探る

⑴ はじめに

１９９１年12月、ソ連邦が崩壊し、同国を継承してロシア連邦が誕生した。そして、１９９２年初頭から「経済の自由化」が始まったが、当時感じたことを、経団連の月刊誌（１９９３年９月号）で、「新生ロシア」と題し、概要次のとおり書いた。

ロシアが、いまや、ペレストロイカの途上にあって、未来の国づくりに燃えている。これまで、70年間も苦しんだ共産主義体制の如き異質な国を再び創り上げるのではなく、その経験と持てる非凡なる能力を生かし、時代を先取りした、人間と自然に優しい異質でない国づくりを切に望みたい。

それから13年が過ぎた。この間、ロシアが進んで西側諸国に同化することが望まれたが、残念ながら、「ロシア異質論」が紙面を賑わしている。何故か。「ロシア異質論」とは、どんな事象なのか。

(2) 国威の回復

ここで、明らかにしておきたいことがある。それは、ロシアについての現状認識であり、まさに、「異質な国」と批判される状況の確認である。

ソ連崩壊後、ロシアは混乱を極め、国民は自信を喪失した。そこに、「強いロシア」を掲げて、プーチン大統領が登場した。彼は、強力な大統領権限を使って、チェチェンにおける武力弾圧、全国7管区への大統領全権代表の派遣、連邦構成主体首長の大統領推薦制への変更、言論弾圧などを次々と敢行した。「民主主義からの後退」を危惧する声は内外で高まったが、結果として、ロシア政局は安定した。

一方、経済面をみると、天運にも恵まれて、比較的好調に推移した。実に、１９９９年から２００６年の８年間に亘って、年平均６・７％程の成長となった。物価は未だ年率10％を上回るが、石油・天然ガス価格の上昇の恩恵を受けて、実に、２００６年末で、石油価格の一部を積み上げる安定化基金残高は約８３０億ドル、また、外貨準備高は２９００億米ドルにも達した。２００７年以降も、当面、５〜７％程度の成長が見込まれている。２００４年教書で打ち出された「10年でＧＤＰ倍増」のためには、年平均７・２％増の成長が必要。だが目標が高過ぎることもあって実績は下回っているものの、「ＢＲＩＣｓ」の一員としてはまあまあの実績となっている。

このように、経済が好調な背景には、「世界の工場としてのアジア、資源供給国としてのロシアや中東諸国、消費国として欧米諸国」の枠組みで拡大する世界経済の当事者として、恩恵に浴しているという事情がある。こうして、ロシアは、政治大国、資源大国としての存在感を強めている。

⑶「ロシア異質論」が叫ばれる背景や理由

前述のとおり、政治的にも、資源的にも、存在感を強めるロシアに対し、「ロシア異質論」、「異質な国に逆戻りするロシア」といった報道が多く見られるに至っている。それら「異質論」で言及された事件や事象を取りまとめてみると、次のようになる。

①重要資源をめぐる問題

(i) 2003年10月、ロシア最大の石油企業「ユコス」社長ホドルコフスキーが脱税容疑で逮捕され、「ユコス」は、強制的に、国営会社「ロスネフチ」の支配下に入れられた。ロシアは、エネルギー資源の国家管理に続いて、航空機、自動車などについても政府主導で再編・統合していく方針を打ち出した。

(ii) 2006年1月、天然ガスの値上げ交渉に応じなかったウクライナに対し、国営会社ガスプロムがガスの供給をストップした。2007年1月、同様な問題が、ベラルーシとの間でも勃発した。

(iii) 2006年12月、ダッチシェル、三井物産、三菱商事が進めていた資源開発事業サハリン2に関し、環境対応などを理由に、半ば強制的に、権益の5割超を国営会社ガスプロムに譲渡させた。

②国際協調をめぐる問題

（ⅰ）テロの脅威に加え、「ロシアの国益を侵す圧力が高まっている」との認識を強め、バルト三国や、ポーランドに続き、親欧米派に動こうとするグルジアなど近隣諸国に対し、ロシアは露骨な阻害行為を始めている。

(ii) ロシアは、イランの核開発をめぐる国連安全保障理事会の制裁決議に協力せず、反対に、異議を述べ、自国の経済権益を守ることに汲々としている。

③殺人をめぐる問題

（ⅰ）２００６年９月、コズロフ中央銀行副総裁が射殺された。

(ii) 同年10月、チェチェンでの残虐行為で政権を批判したポリトコフスカヤが射殺された。同じ頃、ロシア情報機関で働いていたリトビネンコがロンドンで放射能物質ポロニウム２１０と呼ばれる毒で殺害された。

(iii) 同年11月、重要資源の国家管理に反対を唱えていたガイダル元第一副首相が毒物で一時重体になった。

④人権・言論をめぐる問題

チェチェン独立派の弾圧、メディア王と呼ばれたグシンスキーの突然の逮捕、「ロゴヴァス」

代表ベレゾフスキーの国外亡命などが続き、非政府組織（ＮＧＯ）の活動にも制限が加えられている。民主化が滞り、まさに、権益を守りたい企業と官僚組織が一体となって、巨大与党を育て、政権を支えるといったソ連時代の一党支配にも似た状況が作り出されつつある。

⑤ナショナリズムをめぐる問題

プーチン大統領親衛隊が組織され、「ロシアは強い」、「ロシアはロシア人だけのもの」といった具合に、外国人排斥を叫ぶ国粋主義の勢いが増している。ロシアがファシズムに向かう危険が増しつつある。

以上のようなロシアにおける事件や事象を通して、「ロシア異質論」が高まっていることになるが、その批判を整理してみると次のとおりとなる。

(4)「ロシアの異質性」批判勢力が憂慮している点

1　ロシアはスターリン時代の怖い国に逆戻りしつつある。人権や言論が抑圧され、無法や暗殺がまかりとおる社会になっている。新しい形の「ファシズム」に向かっているように思われる。

2　ロシアは、エネルギー大国としての責任を十分理解せず、石油やガスを脅しやゆすりの道具に使っている。エネルギー資源という武器を持ったロシア外交は国際社会の攪乱要因である。

3　ロシアは、旧ソ連圏で、影響力を拡大しようとする米国に強い警戒感を抱き、大国外交の復活を目指し、対抗できる大国としての演出に動いている。

(5) かつて「異質な国日本」と叩かれた日本の経験

さて、ここで、「異質な日本論」で攻撃された経験をもつ日本のケースについて振り返ってみたい。日本の場合、１９６０年代以降、特定品目の輸出が、集中豪雨的に米国に向かい、日本の出超は際立つものとなった。これが、経済摩擦を惹起し、「異質論」を生み出した。１９８０年代になって、日米の貿易収支の不均衡はますます増大し、１９８５年、プラザ合意で、為替レートの調整が図られるに至った。しかし、これは不調に終わった。１９８７年に、日本の出超額は５００億ドルにも上り、１９８９年には、ブッシュ大統領の提案で、日米構造協議がスタートした。「日本の極端な輸出超過を改善し、自由貿易の拡大を図るため、日米それぞれの経済環境を同一の土俵にする」ことが求められた。

協議の対象は、貿易インバランスの是正、外需依存型構造の是正、経済大国と政治小国のアンバランスの是正、経済優先思考の修正、財界・政界・官界の癒着の是正、過剰貯蓄の修正、不透明な日本的取引慣行の廃止、閉鎖的な労働市場の是正、日本単一民族論の是非、日本的価値観のグローバル化など、日本の政治・経済・社会全般に亘るものとなった。

このように、日本の工業化、とりわけ、ハイテク化、サービス化が進み、経済的に、欧米との同質化が進んだ1980年代に入って、米国を中心に、日本異質論の大合唱が高まった。「同舞台で競争する以上、同一の競争条件を採用し、それを守りなさい」というものであった。日本は、真摯に議論し、理解に努めた。しかし、その後の日本経済の弱体化もあって、異質論を唱えて警戒するまでの国ではないと判断されたのか、最近は落ち着きをみせている。

(6)「ロシア異質論」への対応のあり方

ところで、「ロシア異質論」にどう対応すべきか。そのまま放置して、成り行きに任せるという選択もあろう。あるいは、折角、ロシアが西側の一員となったのであるから、解決に努力してもらう方がお互いに望ましいと考える選択もあろう。常識的には、後者が望ましいが、そうだとしても、ロシアの立場を考える必要がある。

実際、「ロシア異質論」は、日本のそれとは中味がまったく違うし、加えて、国際社会におけるポジションも違う。特に、ロシアは、資源大国であり、欧米諸国に資源を供給できる立場である。また、ロシアは欧米社会の体制やルールの理解や馴染み具合が未だ浅いし、核と大軍隊の保有国である。だから、日本と同じアプローチというわけにはいかない。

そもそも、「異質論」は、「民主主義的政治を土台とし、自由主義的経済を展開するうえで構築された体制や決め事からみて逸脱している事象を論じる」ことであり、簡略化していえば、「実力者や多数者の体制や決め事から逸脱する加勢途上者への勧告・非難」と考えられる。すなわち、「強いロシア」に向けて進むなかで、必然的に起こってきた「ロシア異質論」である。これをどう解決していくかは、やはり大きな国際問題と考え、将来対応を考える必要があるだろう。

そうだとすれば、まず当のロシアが、西側諸国との対話を心がけ、自助努力で問題を解決するという覚悟が必要であろう。一方、西側諸国は、いたずらに「ロシア異質論を掲げ、攻撃するだけではなく、真にロシアのためになる温かく、かつ、有益な助言と支援を忍耐強く続ける必要がある」と言えるだろう。こうした両者の不断の努力が相俟って、ロシア国民が成長して、成熟する。そのための長い道のりをお互いに我慢することも非常に大切だと考えたい。

注）本稿は『財団法人海外投融資情報財団海外投融資』２００７年3月号に「ロシア異質論」と題して書き綴ったものをその後若干手直ししたものである。

5 日本にとってのロシア・ウクライナ問題

日本の立場でロシア・ウクライナ問題について考えてみたい。

2014年3月、「ウクライナのクリミア自治共和国と軍港特別市セバストーポリ」（以下、「クリミア」という）がロシアに編入された。手順は、「クリミア」が独立を宣言。続いてウクライナからの独立とロシアへの編入を問う住民投票を実施。その結果を根拠に、翌日、ウクライナからの独立とロシアへの編入を求める決議を議会が採択。同日中にプーチン大統領が、「クリミア」の主権を承認し、ロシアへの編入要請を受諾のうえ、国家条約を締結した。

米国は、「民主主義」「国際秩序」「法の支配」を踏みにじる行為と断じ、「ロシア政府高官・ロシアの政府系金融機関・エネルギー関連企業・国防関連企業等を特定し、資産凍結と金融取引の一部を禁止する」経済制裁措置を発動した。他のG7諸国もこれにならい、G8からロシアは放擲された。

対して、プーチン大統領は、次の3点を挙げて、「クリミア」編入の正当性を主張した。①ソ連邦時代に犯した歴史的誤りの是正、②抑圧されているロシア人同朋の保護、③東方拡大などに見られる欧米諸国の「レッドライン」踏み越えに対する防衛。

前記「主張1」についてのロシア側言い分は概要次のとおりだ。

ソ連邦共産党政権時代の１９５４年、最高権力者に上りつめたフルシチョフ書記長が、生まれ故郷のウクライナへの善意の贈り物として、「ソ連邦内のロシア共和国からウクライナ共和国に『クリミア』を移譲」した。当時のソ連邦憲法は「ソ連邦構成共和国間の境界の変更はソ連邦最高ソビエトの３分の２以上での議決」を規定していた。しかし実際には、１９５４年２月19日にソ連邦最高ソビエト会議幹部会が「クリミアをロシアからウクライナに移譲した」旨を「布告」。同年４月26日にソ連邦最高ソビエトが、同「布告」を追認した「法律」を過半数の賛成で制定したにとどまった。したがってソ連邦憲法第１２２条に違反した「移譲」である。

問題は「ロシア・ウクライナ問題」の解決だ。スラブ人同士が協力して８８２年「キエフ公国」をつくったが、１２２４年のモンゴル軍来襲で崩壊。スラブは四散し、ロシア人勢力が強大化。ウクライナは実に１９８１年の独立に至る約８００年の間、ロシアの植民地化、ロシア化、共産化の被害国であり続けた。欧米諸国の「経済制裁」や日本の二枚舌戦術で問題が解決する筈がない。

どうするか。ドイツの閣僚の一人が「ギリシャより、ウクライナ問題の解決が重要」だと語った。これがヒントになる。すなわち、かつて東ドイツ問題を見事に解決した知見と力量をドイツに披瀝してもらう。ウクライナは単独でロシアと互角に戦えるとは言い難い。ここはドイツにひとはだ脱いでもらい、ドイツ、ウクライナ、ロシアの三者でウイン・ウイン・ウインの解決を目指す。これこそ「これしかないロシア・ウクライナ問題の解決策」ではなかろうか。

注）本稿は「国際通貨研究所メルマガ」に投稿したものにその後若干の手直しをしたものである。

6 北方領土問題に対するプーチン大統領のスタンスを測る

はじめに

２０１６年12月15日と16日、第16回目といわれる安倍・プーチン会談が長門・東京で行われた。主要各紙とも、少し前まで、領土問題に関し、「交渉の道筋がみえた」とか、「強い手応えを感じた」と大見出し扱いで報道していた。しかし会談の結果は、「北方領土において共同経済活動を展開するための枠組作り」、「元島民が査証（ビザ）なしで北方領土に渡航できる『自由往来』の拡充」といったものにとどまった。

今回の会談にまで漕ぎ着けた安倍首相の行動力には驚かされるし、「領土問題は一朝一夕に解決されるものではない」点にも異論はない。しかし「交渉の第一歩に漕ぎ着けた」といって自己満足している場合でもないだろう。

日本として、交渉の道を選んだのであるから、「平和条約締結、領土の返還、両国の真にためになる領土の活用」と続く返還モデルが構築できるのか。庶民の目線で見た領土問題につき、これまでの日ロの領土交渉史もレビューしつつ、一連の「安倍・プーチン領土交渉」を庶民の目線で考えてみたい。

領土問題の源流

１８５５年、日本は米英に続いてロシアと日魯通好条約を締結。両国は択捉、国後、歯舞、色丹が日本領であること、また樺太についてはこれまでどおり両国民の混住の地とすることを合意。１８７５年、ロシアと樺太千島交換条約を締結。日本は樺太全島をロシア領と認め、シュムシュ島からウルップ島までの18の島々を擁する千島列島を譲り受けた。１９０５年に、ポーツマス条約の結果を受け、樺太の北緯50度以南をロシアから引き取った。

第二次世界大戦

１９４５年2月のヤルタ協定で、「日本は樺太の南部と隣接諸島をソ連に返還すること、また、千島列島をソ連に引き渡すこと」を米英ソで合意。同年4月、ソ連が日ソ不可侵条約不延長を日本に通告。同年7月、「無条件降伏とカイロ宣言（『日本国の主権は、本州、北海道、九州、四国ならびに〈連合国〉が決定する諸小島に限られる』の履行）を内容とするポツダム宣言」が発せられた。

ソ連の参戦

連合国は、１９４５年8月6日に広島、９日には長崎に原爆を投下。その9日にソ連が対日参戦を通告。14日、日本がポツダム宣言を受諾して降伏。15日天皇の詔勅で終戦を宣言。ところがその15日、ソ連軍が千島に侵攻。8月31日までにシュムシュからウルップまでの日本軍の武装を解除し、9月３日頃までに北方四島を占領した。

サンフランシスコ講和条約

１９４５年9月8日、サンフランシスコ平和条約の署名。「日本国は千島列島及びこれに隣接する諸島に対する全ての権利、権限、請求権を放棄する」との規定に従うこととなった。この席で、吉田茂全権は、「千島列島および南樺太の地域は、日本が侵略によって奪取したものだというソ連全権の主張は承服致しかねる」と異議を申し立て、北方四島は日本固有の領土であると主張した。ロシアは、サンフランシスコ会議にグロムイコ代表を送り、条約案に、「千島列島と南樺太を日本が放棄すると書かれたものの、それがソ連に帰属すると書いてない」ことを理由にして長時間の反対意見を述べ、結局調印を拒否した。

日ソ共同宣言

１９５５年６月、日本とソ連との間で、個別の平和条約を締結するための交渉が始まった。１９５６年９月７日、「日ソ交渉に対する米国覚書」で、北方四島は常に日本領土の一部であり、日本の主権の下にある」との公式見解を出して日本を支持。同年10月19日、領土問題で日ソ両国の意見一致をみるまでに至らなかったが、まずは、正常な外交関係再開が先決との判断のもと、平和条約交渉は後回しにして、国交回復交渉に変更し、日ソ共同宣言が調印された。「日本とソ連の間に正常な外交関係が回復された後、平和条約の締結に関する交渉を続ける。また歯舞・色丹については日本に引き渡すことに同意する。ただし平和条約が締結された後に現実に引き渡される」と。しかし具体的な条件は何ら示されなかった。

日ソ共同宣言の両国会批准後に不履行

日ソ共同宣言は１９５６年12月12日に発効した。しかしソ連は、１９６０年の日米安全保障条約の締結をみて、返還実現の前提として、日本領土からの全外国軍隊の撤退という条件を課してきた。これに対し、日本政府は、日ソ共同宣言調印時に既に旧日米安全保障条約が存在し、外国軍隊が駐留していた事実を指摘して反論した。1961年9月、フルシチョフ首相は池田首相に宛てた書簡で、「領土問題は解決済み」である旨を通告してきた。

安倍・プーチン交渉

2006年7月、安倍第一次内閣誕生。しかし2007年9月に辞任。2012年12月、第二次安倍内閣が発足。以降これまで多くの会談を重ねてきた。2016年5月にはソチを訪ね、「北方領土交渉を『新アプローチ』で精力的に進める」ことを言明、同時に「8項目の協力プラン」を提示。

2016年9月のウラジオストク会談時、安倍首相が次の内容のスピーチを行った。

一、ウラジオストクをユーラシアと太平洋を結ぶゲートウェイにしましょう。
二、ロシア産業の多様化を進めて生産性を上げ、ロシア極東地域を、アジア太平洋に向けた輸出の拠点にしましょう。
三、あらゆる困難を乗り越え、日本とロシアがその可能性を大きく開花させる世界を、次の世代の若い人たちに残していこうではありませんか。

四、無限の可能性を秘めた二国間関係を未来に向けて切り開くために、私はウラジーミルと共に、力の限り、日本とロシアの関係を前進させる覚悟です。

これまで、安倍首相は、「8項目の協力プラン」に加え、日ロ協力30案件の提示、国際協力銀行のズベルバンクへの約40億円の単独融資、メガバンクによる950億円に上るガスプロムへの融資など積極的な対応を行ってきた。

一方、プーチン大統領は、2006年9月、「領土問題で政治ショーを演ずるなら政治ショーで答える。領土問題の解決には『引き分け』しかない」と発言。その後も「日ソ共同宣言を出発点とするとしても、二島を日本に渡す細則は何も決まっていない」点を指摘し、かつ「四島はロシアのもの」との主張を関係者を使って発信し続けた。

結局、今回の長門・東京会談は、プーチン大統領のシナリオに沿って進み、「領土進展なし」、「北方四島での共同経済活動交渉開始」、「平和条約に真摯な決意」、といった結果となった。

おわりに

直前の世論調査をみると、北方領土返還につき、「一部の島の返還を先に実現し、残りの島の返還交渉を続ける」が53％の日本。「二島すら引き渡すべきでない」が70％のロシア。ロシア島民は、「平和条約はなくていい。援助は歓迎する」との意向が強いようだ。

ここに100年ほど前に書かれたドイツ法学者イェーリングの本がある。こう書いてある。「隣国によって一平方マイルの領土を奪われながら膺懲の挙に出ない国は、その他の領土をも奪われてゆき、ついには領土を全く失う国になるだろう」と。

日本は、北方領土問題を戦争ではなく、交渉で解決しようと頑張っている。それしかないし、一強政治も温泉接待もいい。ただ領土をかけた交渉であれば、

一、日米安保、G7の経済制裁、米国の新政権、中国・韓国との島問題も斟酌した対応とタイミング

二、大統領選を控えるロシアの国情

三、無関心層増大の日本の国情

四、米国のティラーソン氏の如きハードネゴシエーター

五、交渉戦略とロシア式交渉術
六、東ドイツの事例の如き天運

をも踏まえ、パワー化し、総動員しての交渉にすべきであろう。

交渉の第一歩で○円、本格化したら○○円といったやり方は「新アプローチ」には違いないが、後顧に大いなる憂いを残す。ロシア人の友が言った。「日本は金持ちだね。実現はほぼ困難と分かっているのに、カネだけはどんどん出す。凄いシンゾーの国だよ」と。肝に銘じ、成り行きを見守りたいと思う。

注）本稿は、国際通貨研究所『ＩＩＭＡの眼』欄に寄稿したものを若干手直ししたものである。

「北方領土問題に対するプーチン大統領のスタンスを測る」に関わる参考資料

1　木村汎『新版日露国境交渉史北方領土返還への道』角川学芸出版：２００５
2　和田春樹『北方領土問題を考える』岩波書店：１９９０
3　下斗米伸夫『北方領土Ｑ＆Ａ80』小学館：２０００

4　「われらの北方領土2015年版」外務省：2016
5　岩下明裕『北方領土問題――4でも0でも、2でもなく』中央公論新社：2005

おわりに

安倍首相が登場し、北方領土問題について、特別の熱意をもって解決に乗り出した。しかし長年のロシアとの付き合いから得ている筆者のロシア観とはかけ離れた対応振りだ。日本がロシアと仲良くすることはいいことだ。とくに普段は誰もほとんどロシアには無関心である状況を改善し、ロシアの国・国民との交流を増進し、ビジネス関係を改善し、領土問題を解決することはよいことであり、両国にとってプラスとなる。しかしそのためにはお互いのことをよく知り、そのうえに立った付き合いをしないと頓挫する恐れが多分にある。ここは時間がかかっても、お互いを知り、交渉の仕方を考える必要がある。そのためには、筆者の現場論を訴えてみたい。

ロシアを知るキーワードは⑴隣国であり、大国であり、仲良くすべきだが、ロシア人にとっても分からない国である。⑵「コネ・強いボス・集団信奉癖の強い国民性」である。⑶KGB的論理性の強い国である。

日本としては、前記⑴～⑶のキーワードをよく理解し、ロシア感覚やロシア人気質を深く理解しながら、息長い互恵友好関係を構築していく覚悟をしたうえで、短兵急でない両国の補完関係構築に注力することが肝心である。

読んで、納得する「現場感覚によるロシアと付き合う方法」を居ながらにして楽しめる本にする。この趣旨が読者の皆さんに通じたであろうか。筆者は、大学でロ語を学び、当時の東京銀行に入行。外務省に出向し、モスクワ日本大使館に勤務。東京銀行ソ連東欧部長、みちのく銀行ロシア現地法人社長、欧州復興開発銀行ＢＡＳ・リエゾンアドバイザーを歴任。40年以上ロシアと付き合ってきた体験・知見を総括した本である。

時宜を得た企画であり、ビジネスの現場からみた有益なロシア論であり、北方領土問題交渉を機にロシアの国や国民を知りたい日本人に気軽に読んで貰える本。ロシアとの交流やビジネスについての交渉やビジネスの展開の要諦がよく分かり、40年以上にわたってロシアと付き合ってきた筆者の知見を駆使した読み応えのある本。こう筆者は自負しているが如何なものであったろうか。

本書の出版に当たって、畏敬する中澤孝之氏と間野幸也氏、妻の菅野敏子、東京図書出版の皆さん、とくに編集次長の本田氏にはひとかたならぬ的確なご指導とアドバイスを頂戴した。ここに心からのお礼を申し上げる。

菅野　哲夫（すがの　てつお）

1944年５月生まれ。山梨県立韮崎高校、東京外国語大学ロシア語科卒。東京銀行に入り、調査部国内経済課長、ソ連東欧部長、赤坂支店長を務め、みちのく銀行に転職し、取締役、初の邦銀100％資本の同行モスクワ現地法人社長、その後欧州復興開発銀行BAS PROGRAMMEリエゾン・アドバイザー等歴任。現在、国際通貨研究所客員研究員、「65歳からでも本を出してみよう会」の主唱者・主裁。

おもしろ日ロ関係散歩道

― 北方領土返還交渉に頑張る首相にも読んで欲しい現場ロシア論 ―

2017年３月30日　初版発行

著　者　菅 野 哲 夫

発行者　中 田 典 昭

発行所　東京図書出版

発売元　株式会社 リフレ出版

〒113-0021　東京都文京区本駒込 3-10-4

電話（03）3823-9171　FAX 0120-41-8080

印　刷　株式会社 ブレイン

ISBN978-4-86641-045-6 C0031

Printed in Japan 2017

落丁・乱丁はお取替えいたします。

ご意見、ご感想をお寄せ下さい。

［宛先］〒113-0021　東京都文京区本駒込 3-10-4

東京図書出版